कर्म का ताना-बाना

निःस्वार्थ सेवा से जीवन का निर्माण

डॉ. मीनाक्षी बंसल

Made with ❤ on the Notion Press Platform
www.notionpress.com

|| समस्त संसार के ज्ञान-प्रेमियों को समर्पित ||

जो सत्य की खोज में, ज्ञान की राह पर अग्रसर हैं।
जिनकी जिज्ञासा कभी थमती नहीं, और जिनका उद्देश्य केवल आत्मविकास ही
नहीं, बल्कि संसार के कल्याण का भी है—यह कृति उन सभी साधकों को सादर
अर्पित है।

क्रम-सूची

क्रम-सूची

क्रम-सूची

प्रार्थना

ॐ भद्रं कर्णेभिः श्रृणुयाम देवाः।
भद्रं पश्येमाक्षभिर्यजत्राः।
स्थिरैरंगैस्तुष्टुवांसस्तनूभिः।
व्यशेम देवहितं यदायुः।
स्वस्ति न इंद्रो वृद्धश्रवाः।
स्वस्ति नः पूषा विश्ववेदाः।
स्वस्ति नस्ताक्ष्र्यो अरिष्टनेमिः।
स्वस्ति नो बृहस्पतिर्दधातु।
ॐ शांतिः शांतिः शांतिः।

यह मंत्र सार्वभौमिक कल्याण के लिए प्रार्थना है। इसमें विभिन्न देवताओं से सुरक्षा, स्वास्थ्य और सुख के लिए आशीर्वाद की याचना की गई है। यह मंत्र सभी इंद्रियों से शुभ का अनुभव करने और दिव्य उद्देश्य के साथ जीवन जीने के महत्व को रेखांकित करता है।

इंद्र, पूषा, ताक्ष्र्य (गरुड़) और बृहस्पति की कृपा से यह प्रार्थना जीवन में कल्याण और शांति की कामना करती है। अंत में "ॐ शांतिः शांतिः शांतिः" तीन बार दोहराने का अर्थ है - व्यक्तिगत, पर्यावरणीय, और वैश्विक स्तर पर शांति की गहन कामना। यह मंत्र शांति, समृद्धि और सभी प्राणियों के शारीरिक एवं आध्यात्मिक कल्याण के लिए पाठ किया जाता है।

प्रस्तावना

दूसरों की सेवा—निःस्वार्थ, अटल और करुणामय—मानवता के ताने-बाने को जोड़ने वाला सुनहरा धागा है। इस पुस्तक में, हम एक ऐसे जीवन के गहरे अर्थों और प्रभावों का अन्वेषण करते हैं जो दूसरों की मदद के लिए समर्पित हो, न केवल इसे एक कृत्य के रूप में बल्कि एक परिवर्तनकारी यात्रा के रूप में, जो प्राप्तकर्ता से अधिक, देने वाले को समृद्ध करती है। निःस्वार्थ सेवा का सार, जिसे हम कर्म के शुद्धतम रूप में देख सकते हैं, हमारे जीवन में गहरे अर्थों और संबंधों को खोजने का मार्ग है। इस अन्वेषण के माध्यम से, हम यह समझते हैं कि कैसे प्रत्येक दयालुता का कार्य और देने का प्रत्येक क्षण मानव अनुभव और भावनाओं के एक विशाल और जटिल ताने-बाने को बुनता है।

सेवा को अक्सर दूसरों की ओर निर्देशित एक बाहरी कार्य के रूप में देखा जाता है, लेकिन इसका वास्तविक प्रभाव अधिक गहरा और व्यक्तिगत है। इस पुस्तक में साझा की गई कथाएँ इस आंतरिक परिवर्तन पर प्रकाश डालती हैं, यह उजागर करती हैं कि देने का कार्य कैसे व्यक्तिगत विकास और संतोष की ओर ले जाता है। ये कहानियाँ और चिंतन उन व्यक्तियों की यात्रा में झांकने का अवसर देते हैं जिन्होंने दूसरों की सेवा में अपना उद्देश्य और जुनून पाया है। यह सेवा के विभिन्न रूपों और इसके अनगिनत रास्तों को प्रदर्शित करते हैं।

यह अन्वेषण इस विश्वास पर आधारित है कि हर किसी के पास देने के लिए कुछ मूल्यवान है, और सेवा का कार्य केवल भव्य कृत्यों या बड़े वादों तक सीमित नहीं है। बल्कि, यह दयालुता के दैनिक कार्यों और उन छोटे, अक्सर अनदेखे तरीकों में निहित है जिनसे हम अपने आसपास के लोगों की मदद करते हैं। चाहे वह किसी की बात ध्यान से सुनना हो, प्रोत्साहन के कुछ शब्द देना हो, या सामुदायिक परियोजनाओं में अपना समय और ऊर्जा देना हो, सेवा का प्रत्येक कार्य हमारे सामूहिक अस्तित्व के व्यापक ताने-बाने का एक धागा है।

इसके अलावा, यह पुस्तक सेवा के जीवन में आने वाली चुनौतियों और नैतिक विचारों पर भी प्रकाश डालती है। यह सहायता के जटिल पहलुओं, मदद और निर्भरता के बीच के नाजुक संतुलन, और जिन संस्कृतियों और संदर्भों में हम सेवा

करते हैं, उनके सम्मान और समझने की महत्वपूर्ण आवश्यकता का सामना करती है। ये चर्चाएँ महत्वपूर्ण हैं क्योंकि वे हमें याद दिलाती हैं कि सेवा एक सार्वभौमिक प्रक्रिया नहीं है, बल्कि यह एक गहरी व्यक्तिगत और संदर्भ-संवेदनशील यात्रा है, जिसमें ज्ञान, विनम्रता और निरंतर सीखने की आवश्यकता होती है।

सेवा को बदलने में प्रौद्योगिकी की भूमिका भी इस पुस्तक का एक महत्वपूर्ण केंद्र है। हमारे बढ़ते जुड़े हुए विश्व में, नए उपकरण उभरे हैं जो सेवा की हमारी क्षमता को बढ़ा सकते हैं—दूरियों को पाटते हुए, संचार को बढ़ावा देते हुए, और संसाधनों की कुशलता से जुटान करते हुए। फिर भी, इन प्रगतियों के साथ नई चुनौतियाँ और जिम्मेदारियाँ भी आती हैं। हम इस बात का पता लगाते हैं कि इन उपकरणों का नैतिक और प्रभावी तरीके से उपयोग कैसे किया जाए, यह सुनिश्चित करते हुए कि प्रौद्योगिकी सेवा के मानवीय तत्व को बढ़ाए, उससे कम न करे।

सेवा की पहचान और उसका उत्सव इस चर्चा में विशेष स्थान रखता है। सेवा के कृत्यों को पहचानना और उनका जश्न मनाना न केवल देने वालों का सम्मान करता है बल्कि दूसरों को भी ऐसा करने के लिए प्रेरित करता है। यह सेवा की एक संस्कृति बनाता है जो व्यक्तिगत प्रयासों के प्रभाव को बनाए रखता है और उन्हें समाज के व्यापक ताने-बाने में बुनता है। इस प्रकाश में, हम इस संस्कृति को बनाने और बनाए रखने के तरीकों पर चर्चा करते हैं, सभी योगदानकर्ताओं की सराहना करते हैं, चाहे उनके प्रयासों का पैमाना या दृश्यता कुछ भी हो।

भविष्य की ओर देखते हुए, सेवा की भावना को पनपने के लिए पोषण की आवश्यकता है। यह पुस्तक इस भावना को विकसित और बनाए रखने के तरीकों का प्रस्ताव करती है, यह सुनिश्चित करते हुए कि सेवा की विरासत पीढ़ियों तक जारी रहे। यह समाज के हर स्तर पर सेवा को महत्व देने और उसका समर्थन करने के लिए सामूहिक प्रतिबद्धता की मांग करती है—व्यक्तिगत कार्यों से लेकर संस्थागत नीतियों और राष्ट्रीय पहलों तक।

इन विषयों को प्रस्तुत करते हुए, यह पुस्तक केवल जानकारी देने का उद्देश्य नहीं रखती बल्कि प्रेरणा देने का भी उद्देश्य रखती है। यह पाठकों को अपनी सेवा क्षमता पर विचार करने और यह सोचने के लिए आमंत्रित करती है कि वे निःस्वार्थ सेवा के व्यापक ताने-बाने में अपने धागों को कैसे बुन सकते हैं। यह एक कार्य

के लिए आह्वान है, हममें से प्रत्येक को यह विचार करने के लिए प्रेरित करती है कि हम कैसे ऐसा जीवन जी सकते हैं जो न केवल दूसरों की सेवा करता है बल्कि स्वयं को भी बदलता है—दयालुता, करुणा और जुड़ाव की एक विरासत का निर्माण करता है जो हमारे व्यक्तिगत जीवन से परे है।

इस प्रकार, यह पुस्तक सेवा की शक्ति को समर्पित है। यह देने के साधारण कार्यों के असाधारण प्रभाव और दूसरों के लिए जीने में मिलने वाले गहरे आनंद का जश्न मनाती है। यह एक मार्गदर्शिका है, एक चिंतन है, और सबसे महत्वपूर्ण, एक निमंत्रण है कि आप सेवा के महान ताने-बाने में अपने अनूठे पैटर्न को बुनें जो हमारी दुनिया को समृद्ध करता है।

डॉ. मीनाक्षी बंसल
सामाजिक कार्यकर्ता, अहमदाबाद, गुजरात

लेखिका के बारे में

डॉ. मीनाक्षी बंसल, जो भारत की राजधानी दिल्ली में जन्मीं, ने अपनी ज़िंदगी कला, शिक्षा, और समाज कल्याण के प्रति गहरी प्रतिबद्धता के साथ बिताई है। विवाह के बाद, उन्होंने अहमदाबाद, गुजरात को अपना नया निवास स्थान बनाया, जहाँ वे प्रेरणा का स्रोत बनकर उभरीं। डॉ. मीनाक्षी न केवल ललित कला की कुशल कलाकार हैं, बल्कि एक प्रतिष्ठित लेखिका, समर्पित समाजसेविका और मनोविज्ञान की विद्वान शोधकर्ता भी हैं। उनका जीवन, विशेष रूप से समाज के वंचित और पिछड़े बच्चों के उत्थान के प्रति समर्पण, सहभागिता और सहानुभूति की शक्ति में उनके गहरे विश्वास का परिचायक है।

अपने प्रारंभिक दिनों से ही मीनाक्षी ने पढ़ने के प्रति एक अदम्य लगन दिखाई। उनके साहित्यिक संसार में नैतिक कहानियाँ, प्रेरणादायक कथाएँ, और जीवन पाठों से परिपूर्ण पौराणिक गाथाएँ शामिल थीं। यह पढ़ने की आदत केवल व्यक्तिगत विकास के लिए नहीं थी, बल्कि छात्रों और सहकर्मियों के विकास के लिए इन कहानियों के सार को साझा करने की इच्छा से प्रेरित थी। वे विशेष रूप से आदि शंकराचार्य, स्वामी विवेकानंद, डॉ. एपीजे अब्दुल कलाम, महामना पंडित मदन मोहन मालवीय, महात्मा गांधी, सरदार वल्लभभाई पटेल, और विनोबा भावे जैसे ऐतिहासिक और आध्यात्मिक नेताओं के जीवन और शिक्षाओं से प्रभावित थीं। उनके विचार और जीवन कथाएँ मीनाक्षी को दृढ़ता, निःस्वार्थता और ज्ञान की खोज के आदर्शों को अपनाने के लिए प्रेरित करती रहीं।

डॉ. मीनाक्षी का मनोविज्ञान में शैक्षणिक और व्यावहारिक योगदान भी उल्लेखनीय है। एक शोधकर्ता के रूप में, उनका ध्यान मानव मन की जटिलता को समझने और मनोवैज्ञानिक कल्याण और सामाजिक समरसता के लिए संभावनाओं को उजागर करने पर केंद्रित रहा है। उनके सामाजिक कार्यों में, वे अपने अकादमिक ज्ञान को समाज के वंचित वर्गों के जीवन में वास्तविक परिवर्तन लाने के लिए उपयोग करती हैं। उनका समाज सेवा का दृष्टिकोण पारंपरिक ज्ञान और आधुनिक मनोवैज्ञानिक पद्धतियों का अनूठा संयोजन है, जो समाज के बहुआयामी मुद्दों का समाधान करता है।

उनकी कलात्मक प्रतिभाएँ, जो उनके विविध कौशल का एक और पहलू हैं, केवल व्यक्तिगत रुचि तक सीमित नहीं हैं। उनकी कला प्रतीकात्मकता और भावनात्मक गहराई से भरपूर होती है, जो उनके दार्शनिक विचारों और सामाजिक चिंताओं को व्यक्त करती है। उनकी रचनाएँ दर्शकों को उनके बुद्धिमत्ता और करुणा की गहराई में झांकने का अवसर प्रदान करती हैं।

कला और समाज विज्ञान के अतिरिक्त, डॉ. मीनाक्षी ने प्राणिक हीलिंग की उपचार कला में भी महारत हासिल की है, जिसे मास्टर चोआ कोक सुई ने विकसित किया था। यह पद्धति, जो शरीर और आभा को ठीक करने के लिए प्राण या जीवन ऊर्जा के उपयोग पर केंद्रित है, न केवल उनके लिए एक व्यक्तिगत खोज रही है, बल्कि दूसरों को उपचार प्रदान करने का एक माध्यम भी है। प्राणिक हीलिंग में उनकी दक्षता विभिन्न प्रकार के ध्यान सिखाने और अभ्यास के साथ पूरी होती है, जो व्यक्तियों और समुदायों में पुनरुत्थान, व्यक्तिगत विकास और समरसता के संवर्धन पर केंद्रित है।

डॉ. मीनाक्षी का जीवन केवल व्यक्तिगत उपलब्धियों की खोज नहीं है, बल्कि समाज के उत्थान और सशक्तिकरण के प्रति समर्पित एक यात्रा है। उनकी विविध रुचियाँ और प्रतिभाएँ—कला, साहित्य, मनोविज्ञान, और उपचार पद्धतियों को जोड़ती हुई—सेवा के एकमात्र पथ पर केंद्रित हैं। वे उन महान हस्तियों की भावना को आत्मसात करती हैं, जिन्होंने उन्हें प्रेरित किया, और अपने कार्यों और शिक्षाओं के माध्यम से उनकी विरासत को आगे बढ़ाती हैं। अपनी पुस्तकों, कला और सामाजिक पहलों के माध्यम से, वे नई पीढ़ी को आत्म-खोज, दृढ़ता और निःस्वार्थता की यात्रा पर चलने के लिए प्रेरित करती हैं।

समाज कल्याण के प्रति उनकी प्रतिबद्धता, विशेष रूप से वंचित बच्चों के उत्थान पर ध्यान केंद्रित करना, शिक्षा और व्यक्तिगत विकास की परिवर्तनकारी क्षमता की उनकी गहरी समझ को दर्शाती है। मनोविज्ञान, कलात्मक संवेदनशीलता और उपचार पद्धतियों के ज्ञान को जोड़कर, डॉ. बंसल ने एक समग्र दृष्टिकोण विकसित किया है जो न केवल तात्कालिक आवश्यकताओं बल्कि समुदायों की दीर्घकालिक भलाई को भी संबोधित करता है।

एक लेखिका के रूप में, डॉ. मीनाक्षी की रचनाएँ प्रेरणादायक अंतर्दृष्टियों,

व्यावहारिक ज्ञान और उनके विस्तृत अध्ययन और जीवन के अनुभवों से लिए गए चिंतनशील विचारों का मिश्रण प्रस्तुत करती हैं। उनकी पुस्तकें उन लोगों के लिए मार्गदर्शिका के रूप में कार्य करती हैं, जो जीवन की जटिलताओं को अनुग्रह, दृढ़ता और उद्देश्य के साथ नेविगेट करना चाहते हैं। अपनी कहानियों के माध्यम से, वे अपने पाठकों को अपने भीतर की गहराइयों का पता लगाने और समाज की सामूहिक भलाई में अर्थपूर्ण योगदान देने के लिए आमंत्रित करती हैं।

डॉ. मीनाक्षी बंसल में हमें एक अद्वितीय कलाकार, विद्वान, उपचारकर्ता और सामाजिक कार्यकर्ता का अद्भुत समन्वय मिलता है। उनका जीवन कार्य आशा का प्रतीक और दुनिया में बदलाव लाने की इच्छा रखने वाले व्यक्तियों के लिए प्रेरणा का स्रोत है। उनकी कहानी सहानुभूति और मानवता की भलाई के प्रति गहरी प्रतिबद्धता से प्रेरित व्यक्तिगत प्रयासों की शक्ति की एक प्रेरक याद दिलाती है। डॉ. मीनाक्षी की विरासत केवल उनके प्रयासों के ठोस परिणामों में नहीं है, बल्कि उस स्थायी जिज्ञासा, सहानुभूति और सेवा की भावना में है, जिसे वे प्रतिपादित करती हैं।

1

कर्म को समझना: कारण और प्रभाव के मूलभूत सिद्धांत

कर्म एक ऐसा सिद्धांत है जो प्राचीन भारतीय दर्शन से उत्पन्न हुआ है और जो विश्वभर की विभिन्न संस्कृतियों और आध्यात्मिक परंपराओं में गहराई से समाहित हो चुका है। यह मान्यता रखता है कि प्रत्येक कार्य का एक परिणाम होता है, और ये परिणाम या तो इसी जीवन में या भविष्य के पुनर्जन्म में प्रकट होते हैं। यह विश्वास प्रणाली व्यक्तियों को जागरूकता और नैतिकता के साथ कार्य करने के लिए प्रेरित करती है, क्योंकि उनके कार्यों के प्रभाव उसी रूप में उन्हें लौटते हैं।

कर्म का मुख्य सिद्धांत कार्यों और परिणामों की परस्पर कनेक्टिविटी को दर्शाता है। हर निर्णय और हर क्रिया घटनाओं की एक श्रृंखला को जन्म देती है, जो भविष्य में परिणाम देती है। ये परिणाम तात्कालिक या दीर्घकालिक हो सकते हैं, जो व्यक्ति को सीधे प्रभावित करते हैं या अन्य लोगों और पर्यावरण तक अपनी लहरें पहुंचाते हैं। इस परस्पर जुड़ाव को समझने से जीवन के प्रति एक विचारशील दृष्टिकोण विकसित होता है, जिसमें अपने कार्यों के प्रति जागरूकता सर्वोपरि हो जाती है।

कर्म की धारणा केवल कार्यों के परिणामों तक सीमित नहीं है, बल्कि इन कार्यों के पीछे की मंशा पर भी आधारित है। मंशा की शुद्धता कर्म को निर्धारित करने

में महत्वपूर्ण भूमिका निभाती है। अच्छे इरादों के साथ किए गए कार्य, भले ही अनजाने में नकारात्मक परिणाम लाएं, अक्सर अच्छे कर्म उत्पन्न करते हैं। इसके विपरीत, हानिकारक इरादों से किए गए कार्य, चाहे उनके तत्काल प्रभाव सकारात्मक हों, नकारात्मक कर्म को जन्म देते हैं।

इस समझ के साथ, कर्म एक नैतिक जीवन जीने की जिम्मेदारी लाता है। यदि कोई मानता है कि सभी कार्यों का संभावित परिणाम होता है, तो यह प्रेरणा देता है कि व्यक्ति ऐसे कार्य करे जो न केवल स्वयं के लिए बल्कि दूसरों के लिए भी लाभकारी हों। यही वह बिंदु है जहां यह अवधारणा निःस्वार्थ सेवा के विचार से गहराई से जुड़ जाती है। दयालुता और सेवा के कार्यों में संलग्न होकर, बिना व्यक्तिगत लाभ की अपेक्षा किए, व्यक्ति संसार में सकारात्मक योगदान देता है और सभी के लिए अच्छे कर्म उत्पन्न करता है।

निःस्वार्थ सेवा, कर्म के दृष्टिकोण से देखी जाए तो, व्यक्तिगत और सामुदायिक परिवर्तन का एक शक्तिशाली उपकरण बन जाती है। उदारता और दयालुता के कार्य न केवल प्राप्तकर्ताओं को सहायता प्रदान करते हैं, बल्कि देने वाले के आध्यात्मिक और नैतिक विकास में भी योगदान करते हैं। निःस्वार्थ सेवा का अभ्यास सहानुभूति, करुणा और विनम्रता जैसे गुणों को विकसित करता है। यह व्यक्ति को अपनी व्यक्तिगत इच्छाओं से परे देखने और दूसरों की भलाई पर विचार करने की चुनौती देता है, व्यापक समुदाय और संसार के साथ जुड़ाव की भावना को प्रोत्साहित करता है।

इसके अतिरिक्त, कर्म कार्यों के संचयी प्रभाव को रेखांकित करता है। निःस्वार्थ गतिविधियों में नियमित रूप से संलग्न होने से धीरे-धीरे व्यक्ति के चरित्र में परिवर्तन होता है, जिससे परोपकार और सेवा उसके स्वभाव का स्वाभाविक हिस्सा बन जाते हैं। समय के साथ, ये कार्य जानबूझकर किए गए प्रयासों से हटकर सहज व्यवहार बन जाते हैं, जो व्यक्ति के व्यक्तित्व की गहराई में बुने जाते हैं।

व्यावहारिक दृष्टि से, कर्म की अवधारणा को दैनिक जीवन में समझना और लागू करना अधिक सचेत जीवन जीने का मार्ग दिखा सकता है। यह व्यक्तियों को अपने कार्यों के व्यापक परिणामों पर विचार करने के लिए प्रोत्साहित करता है। यह चिंतन अधिक जानबूझकर और विचारशील निर्णयों की ओर ले जा सकता

है, जो आवेगी व्यवहार को कम करता है जो प्रतिकूल परिणाम दे सकता है। उदाहरण के लिए, किसी के उपभोग विकल्पों के पर्यावरणीय प्रभावों या किसी के शब्दों और कार्यों के सामाजिक निहितार्थों पर विचार करना अधिक टिकाऊ और सामंजस्यपूर्ण अस्तित्व को बढ़ावा दे सकता है।

कर्म की गहन समझ से प्रेरित निःस्वार्थ सेवा व्यक्तिगत कार्य और सामूहिक कल्याण के बीच एक सेतु का काम करती है। यह दिखाती है कि व्यक्तिगत विकास और सामाजिक सुधार परस्पर अनन्य नहीं हैं बल्कि परस्पर निर्भर वास्तविकताएँ हैं। कर्म के सिद्धांतों को अपनाकर, व्यक्ति अपने कार्यों के व्यापक प्रभावों पर विचार करने के लिए प्रेरित होते हैं, इस प्रकार सभी प्राणियों के बीच सकारात्मकता और आपसी सम्मान के एक चक्र में योगदान करते हैं।

सार में, कर्म केवल एक आध्यात्मिक या दार्शनिक अवधारणा नहीं है बल्कि जीवन जीने के लिए एक व्यावहारिक मार्गदर्शक है। यह सिखाता है कि किसी के जीवन की गुणवत्ता सीधे उनके कार्यों की गुणवत्ता से संबंधित है। उन कार्यों को चुनकर जो हमारे चारों ओर की दुनिया के साथ सामंजस्यपूर्ण हैं, हम सार्थक संपर्कों और रिश्तों से भरा जीवन बुनते हैं। यह जीवन, जो निःस्वार्थ सेवा में समृद्ध है, न केवल हमारे अपने अनुभव को ऊँचा उठाता है बल्कि उन लोगों को भी प्रेरित करता है जो हमारे आसपास हैं, एक ऐसा ताना-बाना बनाते हुए जो दयालुता और समझ से जुड़ा हुआ है। इस समझ के माध्यम से, कर्म का सच्चा सार प्रकट होता है—दंडात्मक प्रणाली के रूप में नहीं, बल्कि एक परिवर्तनकारी प्रणाली के रूप में, जो व्यक्तिगत और सामुदायिक कल्याण का समर्थन करने वाले कार्यों को प्रोत्साहित करता है और एक अधिक विचारशील और करुणामय दुनिया के लिए मार्ग प्रशस्त करता है।

"सच्ची सेवा एक यात्रा है, गंतव्य नहीं; यह देने वालों को उतना ही समृद्ध करती है जितना प्राप्तकर्ताओं को, हमें सिखाती है कि देने में हम स्वयं को पाते हैं।"

૭

2

देने की खुशी: निःस्वार्थ सेवा क्यों महत्वपूर्ण है

देने का कार्य अक्सर एक व्यक्ति से दूसरे व्यक्ति को कुछ सौंपने के सरल रूप में देखा जाता है, लेकिन इसके प्रभाव और महत्व तत्काल लेन-देन के क्षण से कहीं अधिक होते हैं। निःस्वार्थ सेवा, या बिना किसी प्रतिफल की अपेक्षा के देने का कार्य, जीवन और समुदायों को गहराई से समृद्ध करता है। यह जुड़ाव और साझी मानवता की भावना को बढ़ावा देता है, हमें याद दिलाता है कि हम अलग-थलग प्राणी नहीं हैं, बल्कि एक बड़े, परस्पर जुड़े समुदाय का हिस्सा हैं।

निःस्वार्थ सेवा इस विचार पर आधारित है कि सच्ची खुशी और संतोष हमें जो मिलता है उससे नहीं, बल्कि जो हम देते हैं उससे आता है। यह अवधारणा उस सामाजिक प्रवृत्ति को चुनौती देती है जो अक्सर संग्रह और व्यक्तिगत लाभ पर केंद्रित होती है, यह सुझाव देती है कि एक वास्तव में संतोषजनक जीवन का मार्ग दूसरों की भलाई में योगदान करने से मिलता है।

ऐसी सेवा के रूप कई हो सकते हैं, जैसे स्थानीय आश्रय में स्वयंसेवा करना, सार्वजनिक सेवा में काम करना, या बड़े पैमाने पर मानवीय प्रयासों में योगदान देना। पैमाने की परवाह किए बिना, मूल सिद्धांत वही रहता है: निःस्वार्थ देना न केवल हमारे जीवन को बल्कि दूसरों के जीवन को भी बेहतर बनाता है।

निःस्वार्थ सेवा क्यों महत्वपूर्ण है, इसका सबसे प्रेरक कारण यह है कि यह हमारे

मानसिक स्वास्थ्य पर सकारात्मक प्रभाव डालती है। अध्ययनों से पता चला है कि दयालुता के कार्यों में शामिल होने से मनोदशा में सुधार होता है और तनाव कम होता है। इसे अक्सर "हेल्पर हाई" कहा जाता है, जो परोपकार से उत्पन्न ऊंचे मनोदशा की स्थिति है। केवल अस्थायी लाभ से परे, निःस्वार्थ कार्यों में नियमित रूप से शामिल होने से दीर्घकालिक मानसिक स्वास्थ्य में सुधार होता है। यह अवसाद और चिंता के लक्षणों को कम करता है और सामाजिक जुड़ाव की भावना को बढ़ाता है।

इसके अलावा, निःस्वार्थ सेवा समुदायों के निर्माण और सुदृढ़ीकरण में महत्वपूर्ण भूमिका निभाती है। जब व्यक्ति अपने समुदायों में योगदान देते हैं बिना किसी लाभ की अपेक्षा के, तो वे उदारता और आपसी समर्थन की संस्कृति की नींव रखते हैं।

यह विशेष रूप से संकट के समय में प्रभावशाली हो सकता है, जहां सामुदायिक समर्थन संरचनाएं प्रभावित लोगों के लिए जीवन रेखा बन जाती हैं। ऐसे माहौल को बढ़ावा देकर जहां लोग एक-दूसरे की मदद करने के लिए प्रेरित होते हैं, समुदाय उन चुनौतियों का अधिक लचीलापन के साथ सामना कर सकते हैं जो वे झेल सकते हैं।

इसके अलावा, निःस्वार्थ देने का एक अनूठा तरीका है विभाजनों को पाटना—चाहे वे सामाजिक, आर्थिक, या सांस्कृतिक हों। एक ऐसी दुनिया में जो अक्सर विभाजन से चिह्नित होती है, दयालुता के कार्य करुणा की एक सार्वभौमिक भाषा हो सकते हैं। दूसरों की मदद करना बाधाओं को तोड़ सकता है, विविध समूहों के बीच समझ और सहानुभूति को बढ़ावा देता है। यह न केवल तत्काल कठिनाइयों को कम करता है बल्कि दीर्घकालिक सामाजिक सामंजस्य और शांति को भी बढ़ावा देता है।

निःस्वार्थ सेवा का प्रभाव व्यक्तियों के नैतिक और नैतिक विकास तक भी फैला हुआ है। दयालुता के कार्यों में संलग्न होने से सहानुभूति, करुणा, और विनम्रता जैसे गुणों को विकसित करने में मदद मिलती है। ये गुण व्यक्तियों के नैतिक आधार के लिए आवश्यक हैं; वे हमें नैतिकता के साथ कार्य करने और दूसरों की भलाई पर विचार करने के लिए मार्गदर्शन करते हैं। निःस्वार्थ सेवा का अभ्यास

इन लक्षणों को विकसित करने का एक मार्ग प्रदान करता है, समाज के नैतिक ताने-बाने को मजबूत करता है।

व्यापक दृष्टिकोण से, निःस्वार्थ सेवा समाजों को परेशान करने वाले कई प्रणालीगत मुद्दों को हल करने के लिए महत्वपूर्ण है। चाहे वह गरीबी से लड़ना हो, शिक्षा में सुधार करना हो, या स्वास्थ्य असमानताओं को संबोधित करना हो, इन चुनौतियों के लिए ऐसे प्रयासों की आवश्यकता होती है जो व्यक्तिगत लाभ के बजाय सामान्य भलाई को प्राथमिकता देते हैं। देने की संस्कृति को बढ़ावा देकर, समाज संसाधनों और मानवीय ऊर्जा को अधिक न्यायसंगत और टिकाऊ समाधानों की ओर जुटा सकते हैं।

इसके अलावा, निःस्वार्थ सेवा में शामिल होना व्यक्तियों को उद्देश्य और जुड़ाव की भावना प्रदान करता है। कई लोग पाते हैं कि देने में, वे एक बड़े उद्देश्य से जुड़ते हैं जो उनके व्यक्तिगत जीवन से परे है, उन्हें न्याय, समानता, और करुणा जैसे मूल्यों के साथ जोड़ता है। यह जुड़ाव न केवल उनके अपने जीवन को समृद्ध करता है बल्कि उन्हें दुनिया में सकारात्मक परिवर्तन के एजेंट भी बनाता है।

निःस्वार्थ सेवा के माध्यम से, हम पाते हैं कि सच्ची खुशी का मार्ग दूसरों को खुश करने में है, एक ऐसी सामुदायिक संरचना को बुनते हुए जो दयालुता और उदारता के कार्यों से बंधी हो।

"हर दयालुता का कार्य मानवता के ताने-बाने में एक धागा है; प्रत्येक धागे के साथ, हम पूरे को मजबूत करते हैं, समुदाय और करुणा की एक समृद्ध कथा बुनते हैं।"

3

छोटे कार्य, बड़े प्रभाव: हर दिन के नायकों की कहानियां

हर दिन, दुनिया भर में, साधारण लोग छोटे-छोटे दयालुता के कार्य करते हैं जो दूसरों के जीवन पर असाधारण प्रभाव डालते हैं। ये हर दिन के नायक अपनी टोपी या अलौकिक शक्तियों से नहीं, बल्कि अपनी करुणा, सहनशीलता और मदद करने की इच्छा से पहचाने जाते हैं। उनकी कहानियां हमेशा सुर्खियां नहीं बनतीं, लेकिन वे उदारता और सामुदायिक भावना की एक समृद्ध कहानी बुनती हैं, जो समाजों को जोड़े रखती है।

सेवा के छोटे-छोटे कार्य, जो अकेले में महत्वहीन लग सकते हैं, सामूहिक रूप से पूरे समुदायों को बदल सकते हैं। एक साधारण इशारा, जैसे ज़रूरतमंद पड़ोसी की मदद करना या स्थानीय चैरिटी में कुछ घंटे स्वयंसेवा करना, अच्छाई की एक श्रृंखला को जन्म दे सकता है जो प्रारंभिक कार्य से बहुत आगे तक गूंजती है।

यह सामूहिक प्रभाव इस बात पर जोर देता है कि दिखने में मामूली कार्य भी गहरे प्रभाव डाल सकते हैं, जो अक्सर सामुदायिक सहभागिता और परस्पर सहायता की भावना को जन्म देते हैं।

एक बुजुर्ग व्यक्ति की कहानी पर विचार करें, जो अपना दिन जल्दी शुरू करता।

है ताकि अपने पड़ोस के पार्क की सफाई कर सके। केवल एक बैग और पिकर के साथ, वह रातभर इकट्ठा हुए कचरे को सावधानीपूर्वक हटाता है। उसका योगदान मामूली लग सकता है, लेकिन यह एक साझा सामुदायिक स्थान की सुंदरता और स्वास्थ्य को बनाए रखने में महत्वपूर्ण भूमिका निभाता है।

यह कार्य न केवल पर्यावरण को संरक्षित करता है, बल्कि स्थानीय निवासियों के बीच गर्व और स्वामित्व की भावना भी पैदा करता है, जिससे और अधिक लोग अपने समुदाय की देखभाल में सक्रिय भूमिका निभाने के लिए प्रेरित होते हैं।

फिर एक युवा महिला की कहानी है, जो वंचित पृष्ठभूमि के बच्चों को ट्यूशन देती है। हर हफ्ते कुछ घंटे समर्पित करके, वह इन बच्चों को वह शैक्षिक समर्थन प्रदान करती है, जो उन्हें घर पर नहीं मिलता।

उसकी प्रतिबद्धता शैक्षिक अंतराल को पाटने में मदद करती है, जिससे उसके छात्रों को स्कूल और उसके आगे जीवन में सफलता का बेहतर मौका मिलता है। यह न केवल उनके तत्काल सीखने को बढ़ाता है, बल्कि उनके आत्मविश्वास और भविष्य के लिए आकांक्षाओं को भी बढ़ाता है।

हर दिन के नायकों की कहानियों में वे लोग भी शामिल हैं जो संकट के समय दयालुता के कार्य करते हैं और मानवता में विश्वास बहाल करते हैं। उदाहरण के लिए, प्राकृतिक आपदाओं के दौरान, आधिकारिक मदद पहुंचने से पहले अक्सर साधारण लोग पहले उत्तरदाता बन जाते हैं।

वे फंसे हुए पीड़ितों को बचाते हैं, प्राथमिक चिकित्सा प्रदान करते हैं और भोजन व पानी वितरित करते हैं। उनके त्वरित और निःस्वार्थ कार्य जीवन बचाते हैं और विपत्ति के समय सांत्वना प्रदान करते हैं।

इसके अलावा, उस व्यक्ति के प्रभाव पर विचार करें जो केवल समय निकालकर सुनता है। एक ऐसी दुनिया में जहां कई लोग अकेलेपन और अवसाद से जूझ रहे हैं, सुनने का कार्य एक गहरी सेवा हो सकती है। जो व्यक्ति सहानुभूति भरा कान और सहारा प्रदान करता है, वह किसी के मानसिक और भावनात्मक स्वास्थ्य में महत्वपूर्ण अंतर ला सकता है। यह समर्थन उन लोगों के लिए ताकत और आशा

प्रदान कर सकता है जो मानसिक स्वास्थ्य के मुद्दों से जूझ रहे हैं।

एक और प्रभावशाली छोटा कार्य है अजनबियों के प्रति दयालुता का विस्तार। चाहे वह किसी की पंक्ति में भोजन का भुगतान करना हो, उदार टिप देना हो, या किसी को भारी बैग उठाने में मदद करना हो, ये दयालुता के कार्य किसी के दिन को उज्ज्वल कर सकते हैं और उन्हें दुनिया में अच्छाई की याद दिला सकते हैं। ऐसे इशारे अक्सर प्राप्तकर्ताओं को इसे आगे बढ़ाने के लिए प्रेरित करते हैं, एक दयालुता की लहर पैदा करते हैं जो पूरे समुदाय में फैलती है।

इसके अलावा, पर्यावरण संरक्षण के छोटे कार्य, जैसे पेड़ लगाना या समुद्र तटों की सफाई करना, ग्रह के स्वास्थ्य में महत्वपूर्ण योगदान देते हैं। प्रत्येक लगाया गया पेड़ कार्बन डाइऑक्साइड को अवशोषित करने में मदद करता है, और समुद्र तटों से हटाया गया हर कचरा समुद्री जीवन की रक्षा करता है। ये कार्य, हालांकि छोटे हैं, जलवायु परिवर्तन और प्रदूषण जैसी वैश्विक पर्यावरणीय समस्याओं से निपटने में भूमिका निभाते हैं।

हर दिन के नायकों की कहानी उन लोगों के बारे में भी है जो बदलाव के लिए आवाज उठाते हैं। ऐसे व्यक्ति जो अन्याय के खिलाफ बोलने के लिए अपनी आवाज का उपयोग करते हैं या महत्वपूर्ण मुद्दों के बारे में जागरूकता बढ़ाने के लिए काम करते हैं, समाज सुधार में महत्वपूर्ण भूमिका निभाते हैं।

ये कहानियां दर्शाती हैं कि छोटे कार्यों की शक्ति को कम नहीं आंका जाना चाहिए। प्रत्येक कार्य आशा, लचीलापन और सामुदायिक भावना की एक बड़ी कहानी में योगदान देता है।

हर दिन के नायक मानवता का सबसे अच्छा उदाहरण देते हैं, यह दिखाते हुए कि प्रत्येक व्यक्ति फर्क करने की क्षमता रखता है। उनके कार्य हमें याद दिलाते हैं कि नायकों का मतलब असाधारण कार्य करना नहीं है, बल्कि यह है कि हम जो भी सकारात्मक प्रभाव डाल सकते हैं उसे करना।

"सेवा वह कला है जो आवश्यकता को अनुरोध से परे देखती है, न केवल कहे गए शब्दों को बल्कि मदद की चुप्पी भरी याचिकाओं को भी गहराई से सुनती है।"

4

करुणा का विकास: अपने जीवन में सहानुभूति का निर्माण

करुणा का विकास और अपने जीवन में सहानुभूति का निर्माण ऐसे महत्वपूर्ण अभ्यास हैं जो आपसी संबंधों को बेहतर बनाते हैं और समुदाय की भलाई में सुधार करते हैं। करुणा, पीड़ित लोगों की मदद करने की इच्छा के साथ उनकी देखभाल करने की भावनात्मक प्रतिक्रिया, और सहानुभूति, किसी अन्य व्यक्ति की भावनाओं को समझने और साझा करने की क्षमता, मानव सामाजिक सहभागिता के स्तंभ हैं जो एकता और साझी मानवता की भावना को बढ़ावा देते हैं।

इन गुणों का विकास न केवल सामंजस्यपूर्ण संबंध बनाने के लिए लाभकारी है, बल्कि यह व्यक्तिगत मानसिक और भावनात्मक भलाई के लिए भी अत्यंत महत्वपूर्ण है। सहानुभूति हमें दूसरों के दृष्टिकोण से दुनिया को देखने की अनुमति देती है, जिससे मानवीय भावनाओं और व्यवहारों की जटिलताओं को समझने की हमारी क्षमता बढ़ती है। करुणा हमें दूसरों के दुख को कम करने के लिए कार्रवाई करने के लिए प्रेरित करती है, जिससे हमें दूसरों की मदद करने से मिलने वाले संतोष के माध्यम से अपना जीवन समृद्ध होता है।

सहानुभूति की प्रकृति को समझना इसे विकसित करने का पहला कदम है।

सहानुभूति केवल किसी के प्रति सहानुभूति व्यक्त करने से अधिक है; यह दूसरों के भावनात्मक अनुभवों के साथ गहराई से जुड़ने के बारे में है। यह चुनौतीपूर्ण हो सकता है क्योंकि इसके लिए openness और vulnerability की आवश्यकता होती है, जो कभी-कभी प्रतिस्पर्धात्मक, व्यक्तिगत समाजों में दबा दी जाती है। हालांकि, इन गुणों को पोषित करके, व्यक्ति मजबूत और अधिक सहानुभूतिपूर्ण संबंध विकसित कर सकते हैं।

सहानुभूति बढ़ाने का एक प्रभावी तरीका सक्रिय सुनना है। इसमें वक्ता पर पूरी तरह से ध्यान देना, बिना किसी पूर्वाग्रह के उनकी भावनाओं को स्वीकार करना, और इस तरह से प्रतिक्रिया देना शामिल है जिससे यह पुष्टि हो सके कि उनकी भावनाओं को समझा गया है। यह अभ्यास न केवल लोगों को बेहतर समझने में मदद करता है बल्कि उन्हें मूल्यवान और सुना हुआ महसूस कराता है, जो सहानुभूतिपूर्ण सहभागिता का एक मूलभूत पहलू है।

सहानुभूति को बढ़ावा देने का एक और तरीका विविध जीवन अनुभवों और दृष्टिकोणों के संपर्क में आना है। यह साहित्य पढ़ने, फिल्मों को देखने, या विभिन्न सांस्कृतिक, सामाजिक और व्यक्तिगत पृष्ठभूमियों की खोज करने वाली बातचीत में भाग लेने के माध्यम से प्राप्त किया जा सकता है। ऐसे अनुभव मानव स्थिति की हमारी समझ को व्यापक बनाते हैं, जिससे दूसरों की भावनाओं और अनुभवों से जुड़ना आसान हो जाता है।

माइंडफुलनेस का अभ्यास करना भी सहानुभूति विकसित करने के लिए एक शक्तिशाली उपकरण है। माइंडफुलनेस में हमारे विचारों, भावनाओं, शारीरिक संवेदनाओं और परिवेशीय वातावरण के प्रति क्षण-क्षण जागरूकता बनाए रखना शामिल है। यह अभ्यास दूसरों की भावनाओं और कार्यों के प्रति हमारी प्रतिक्रियाओं को प्रबंधित करने में मदद करता है, जिससे अधिक मापा और सहानुभूतिपूर्ण प्रतिक्रियाओं की अनुमति मिलती है।

करुणा को दयालुता और स्वयंसेवा के कार्यों के माध्यम से विकसित किया जा सकता है। नियमित रूप से सामुदायिक सेवा में भाग लेना या रोजमर्रा की जिंदगी में दयालुता के छोटे-छोटे इशारों का विस्तार करना करुणामय व्यवहारों को मजबूत कर सकता है। ये क्रियाएं न केवल प्राप्तकर्ताओं को लाभ पहुंचाती हैं बल्कि

दाता की भावनात्मक भलाई को भी बढ़ाती हैं, एक सकारात्मक प्रतिक्रिया लूप बनाते हुए जो सामुदायिक बंधनों को मजबूत करता है।

इसके अलावा, कम उम्र से करुणा और सहानुभूति सिखाना अत्यंत महत्वपूर्ण है। शैक्षिक प्रणालियां जो सामाजिक और भावनात्मक सीखने के कार्यक्रमों को शामिल करती हैं, इस संबंध में महत्वपूर्ण भूमिका निभा सकती हैं। ये कार्यक्रम बच्चों को अपनी भावनाओं को पहचानने और प्रबंधित करने, दूसरों की भावनाओं को समझने, और देखभाल और रचनात्मक संबंध विकसित करने के लिए सिखाते हैं। जीवन के प्रारंभ में इन मूल्यों को स्थापित करके, समाज अधिक सहानुभूतिपूर्ण और करुणामय भावी पीढ़ियों को पोषित कर सकते हैं।

जर्नलिंग या सहानुभूति के साथ व्यक्तिगत अनुभवों पर समूह चर्चा जैसी चिंतनशील प्रथाएं भी करुणा की समझ और इसे व्यक्त करने की क्षमता को गहरा कर सकती हैं। ये चिंतन व्यक्तिगत भावनात्मक प्रतिक्रियाओं में अंतर्दृष्टि प्रदान कर सकते हैं और सहानुभूतिपूर्ण समझ में वृद्धि के लिए क्षेत्रों को उजागर कर सकते हैं।

करुणा का विकास और सहानुभूति का निर्माण व्यक्तिगत संतोष और बेहतर संबंधों से परे लाभ प्रदान करता है। व्यापक स्तर पर, ये गुण अधिक सहयोगी और शांतिपूर्ण समाजों की ओर ले जा सकते हैं। जब लोग एक-दूसरे को समझते और परवाह करते हैं, तो संघर्ष अधिक संभावना से शांतिपूर्ण तरीके से हल हो जाते हैं, और सामाजिक अन्यायों को अधिक आसानी से संबोधित किया जाता है।

हालांकि, यह महत्वपूर्ण है कि सहानुभूति और करुणा से होने वाले भावनात्मक बोझ को प्रबंधित किया जाए। "करुणा थकावट" के रूप में ज्ञात, दूसरों के लिए लगातार महसूस करने का तनाव, दूसरों की प्रभावी ढंग से मदद करने की क्षमता को बनाए रखने के लिए आत्म-देखभाल और दूसरों की देखभाल के बीच संतुलन बनाए रखकर कम किया जा सकता है।

संक्षेप में, करुणा का विकास और सहानुभूति का निर्माण एक गतिशील प्रक्रिया है जिसे जानबूझकर और अभ्यास की आवश्यकता होती है। इन प्रथाओं के प्रति प्रतिबद्धता से, व्यक्ति अपने जीवन और दूसरों के जीवन को समृद्ध कर सकते

हैं, एक अधिक समझने और देखभाल करने वाली दुनिया में योगदान कर सकते हैं। सहानुभूति और करुणा के प्रति यह प्रतिबद्धता न केवल व्यक्तिगत जीवन को बढ़ाती है बल्कि समुदायों के ताने-बाने को भी मजबूत करती है, सामूहिक लचीलापन और साझी मानवता की भावना का निर्माण करती है जो भविष्य की चुनौतियों का सामूहिक ताकत और बुद्धिमत्ता के साथ सामना कर सकती है।

"कृतज्ञता की प्रतिध्वनि में, हमें सेवा का सच्चा पुरस्कार मिलता है—यह एहसास कि हमारे कार्यों ने हमारे जीवन से परे दिलों और जीवन पर छाप छोड़ी है।"

5

कृपा का प्रभाव: दया कैसे फैलती है

कृपा के संदर्भ में लहर प्रभाव की अवधारणा एक शक्तिशाली रूपक है, जो यह दर्शाती है कि व्यक्तिगत कार्य कैसे प्रभाव की लहरें उत्पन्न कर सकते हैं, जो प्रारंभिक बिंदु से बहुत आगे तक फैलती हैं। यह घटना वर्णन करती है कि दया का एक अकेला कार्य दूसरों को शुभचिंतन का प्रसार करने के लिए प्रेरित कर सकता है, जिससे प्रारंभिक इशारे को एक बड़ी दयालुता और करुणा की लहर में परिवर्तित किया जा सकता है। लहर प्रभाव न केवल मानवीय कार्यों की आपस में जुड़ी प्रकृति को दर्शाता है, बल्कि यह भी रेखांकित करता है कि सबसे छोटे कार्य भी सामाजिक ताने-बाने को आकार देने में कितना बड़ा योगदान दे सकते हैं।

लहर प्रभाव को समझना इस स्वीकार्यता से शुरू होता है कि मानवीय भावनाएं और व्यवहार अत्यधिक संक्रामक होते हैं। जब कोई व्यक्ति दया के कार्य को देखता है, तो वह न केवल प्रेरित महसूस करता है, बल्कि इस व्यवहार को दोहराने के लिए प्रोत्साहित भी होता है। एक बार यह दया का चक्र शुरू हो जाने पर, यह समुदाय के माध्यम से फैल सकता है, जिससे अधिक परोपकारी कार्यों की संभावना बढ़ जाती है। इस प्रक्रिया की खूबसूरती इसकी गुणात्मक प्रकृति में निहित है; दया का प्रत्येक कार्य कई व्यक्तियों और परिस्थितियों में फैलने की क्षमता रखता है।

इस लहर को शुरू करने वाला प्रारंभिक कार्य उतना ही सरल हो सकता है जितना कि एक मुस्कान, एक प्रशंसा, या सहायता का एक छोटा सा इशारा। उदाहरण के

लिए, जब कोई व्यक्ति किसी बुजुर्ग को उनके किराने का सामान कार तक पहुंचाने में मदद करता है, तो यह दया का कार्य केवल मदद तक सीमित नहीं रहता। वह बुजुर्ग व्यक्ति प्रशंसा और देखभाल महसूस करता है, जिससे उनका मूड बेहतर होता है और वे किसी और के प्रति दया दिखाने के लिए प्रेरित हो सकते हैं। इसी तरह, जो लोग इस छोटे से कार्य को देखते हैं, उन्हें करुणा के मूल्य की याद दिलाई जाती है और वे अपने दयालु कार्य करने के लिए प्रेरित होते हैं। इस प्रकार, मूल कार्य सकारात्मक परस्पर क्रियाओं का एक झरना पैदा करता है।

दया का लहर प्रभाव उस भावनात्मक स्थिति के माध्यम से और अधिक मजबूत होता है जिसे यह उत्पन्न करता है। मनोवैज्ञानिक अध्ययनों से पता चला है कि दया के कार्य करने या देखने से सेरोटोनिन का स्राव होता है, जो संतोष और भलाई की भावना के लिए जिम्मेदार एक न्यूरोट्रांसमीटर है। यह न केवल दाता और प्राप्तकर्ता के मूड को बढ़ाता है, बल्कि उन लोगों का भी, जो इस कार्य को देखते हैं। यह एक श्रृंखला प्रतिक्रिया है जो समुदाय और भलाई की समग्र भावना को बढ़ावा देती है, जिससे दया सामुदायिक सामंजस्य के लिए एक प्रेरक शक्ति बन जाती है।

इसके अलावा, दया के लहर प्रभाव से सामाजिक मानदंडों और मूल्यों पर महत्वपूर्ण प्रभाव पड़ सकता है। जब किसी समुदाय में दया के कार्य अधिक सामान्य हो जाते हैं, तो वे उदारता और करुणा की संस्कृति में योगदान करते हैं। यह सांस्कृतिक बदलाव लोगों के दैनिक बातचीत के तरीके को बदल सकता है, अधिक सहानुभूतिपूर्ण और सहायक समुदायों को बढ़ावा देता है। उदाहरण के लिए, स्कूलों में, दया के कार्यों को प्रोत्साहित करने वाले कार्यक्रमों को धमकाने को कम करने और छात्रों के बीच सहयोग और विश्वास की भावना बढ़ाने के लिए दिखाया गया है।

दया का लहर प्रभाव नेतृत्व और संगठनात्मक व्यवहार के लिए भी गहरा महत्व रखता है। कॉर्पोरेट सेटिंग्स में, जब नेता अपने कर्मचारियों की भलाई के लिए दयालुता और चिंता प्रदर्शित करते हैं, तो यह पूरे संगठन के लिए एक टोन सेट करता है। कर्मचारी मूल्यवान और सम्मानित महसूस करते हैं, जिससे उनकी नौकरी की संतुष्टि और उत्पादकता बढ़ती है। वे अपने सहयोगियों और ग्राहकों के साथ बातचीत में इन व्यवहारों को प्रतिबिंबित करने की अधिक संभावना रखते हैं, संगठन के समग्र वातावरण और यहां तक कि इसके ब्रांड छवि को बढ़ाते हैं।

महत्वपूर्ण रूप से, दया का लहर प्रभाव सांस्कृतिक और राष्ट्रीय सीमाओं को पार करता है। दया के कार्य विविध समूहों के बीच की खाई को पाट सकते हैं, आपसी सम्मान और समझ को बढ़ावा दे सकते हैं। मानवीय संकटों या प्राकृतिक आपदाओं के दौरान, दुनिया भर से समर्थन और सहायता की बौछार इस बात का एक शक्तिशाली प्रदर्शन है कि दया कैसे पीड़ा को कम करने के सामान्य लक्ष्य की ओर असमान समूहों को एकजुट कर सकती है।

हालांकि, दया के लहर प्रभाव को बनाए रखना सचेत प्रयास और प्रतिबद्धता की आवश्यकता है। इसमें व्यक्तिगत गुणों का पोषण करना और यहां तक कि कठिन परिस्थितियों में भी दयालुता से कार्य करने का लगातार चुनाव करना शामिल है। इसके अतिरिक्त, समाज में इन कार्यों के मूल्य को मजबूत करने के लिए, दया के कार्यों को पहचानने और मनाने की आवश्यकता है, चाहे वे कितने भी छोटे क्यों न हों।

समाज को बदलने के लिए दया के लहर प्रभाव की क्षमता बहुत बड़ी है। यह मान्यता अपनाकर कि हमारे कार्यों का दूसरों पर क्या प्रभाव पड़ता है, हम दया की एक वैश्विक संस्कृति में योगदान कर सकते हैं। यह संस्कृति न केवल व्यक्तिगत जीवन को बेहतर बनाती है बल्कि सहकारी और परोपकारी व्यवहारों को आदर्श बनाकर बड़े सामाजिक मुद्दों को संबोधित करने की क्षमता भी रखती है।

सार में, दया का लहर प्रभाव मानवीय एजेंसी की शक्ति का एक प्रमाण है। प्रत्येक व्यक्ति सरल, विचारशील कार्यों के माध्यम से सकारात्मक परिवर्तन की लहरें शुरू करने की क्षमता रखता है। इन कार्यों की दूसरों को प्रेरित करने की क्षमता को अपनाकर, हम सामूहिक रूप से एक अधिक करुणामय और सामंजस्यपूर्ण दुनिया में योगदान कर सकते हैं। यह समझ हमें जानबूझकर कार्य करने के लिए प्रोत्साहित करती है, इस ज्ञान के साथ कि हमारे सबसे छोटे कार्य महत्वपूर्ण, व्यापक परिवर्तन का कारण बन सकते हैं, दया का एक ऐसा ताना-बाना बुनते हैं जो समुदायों और अंततः पूरे ग्रह को घेर सकता है।

"सहानुभूति विविधता और एकता के बीच का पुल है; सेवा के माध्यम से, हम इस पुल को बार-बार पार करते हैं, उन सार्वभौमिक सच्चाइयों की खोज करते हैं जो सभी विभाजनों के पार साझा की जाती हैं।"

6

स्वयंसेवा: व्यक्तिगत विकास का मार्ग

स्वयंसेवा को अक्सर एक महान प्रयास के रूप में देखा जाता है, जो दूसरों के जीवन को बेहतर बनाने के उद्देश्य से किया जाता है। हालांकि, इसके परोपकारी आकर्षण से परे, स्वयंसेवा व्यक्तिगत विकास के लिए एक शक्तिशाली माध्यम के रूप में कार्य करती है। यह व्यक्तियों को नई कौशल सीखने, अपने सामाजिक नेटवर्क का विस्तार करने, कल्याण की भावना को बढ़ाने और अपने आस-पास की दुनिया को गहराई से समझने का अवसर प्रदान करती है। इसका बहुआयामी प्रभाव स्वयंसेवा को न केवल दूसरों की मदद करने का साधन बनाता है, बल्कि आत्म-सुधार और व्यक्तिगत विकास के लिए एक महत्वपूर्ण मार्ग भी बनाता है।

स्वयंसेवा के मूल में अपना समय और ऊर्जा बिना किसी वित्तीय इनाम की अपेक्षा के देने की अवधारणा निहित है। स्वयंसेवा में यह निस्वार्थता का पहलू महत्वपूर्ण है क्योंकि यह व्यक्तिगत लाभ से सामुदायिक सेवा की ओर ध्यान केंद्रित करता है। फिर भी, स्वयंसेवा का विरोधाभास यह है कि जबकि इसका उद्देश्य दूसरों को लाभ पहुंचाना है, यह अनिवार्य रूप से स्वयंसेवक के अपने जीवन को भी समृद्ध करता है। यह समृद्धि भावनात्मक, सामाजिक, बौद्धिक और यहां तक कि शारीरिक रूप से भी विभिन्न रूपों में आती है।

भावनात्मक रूप से, स्वयंसेवा व्यक्तिगत खुशी और संतोष को बढ़ावा देती है। सामुदायिक सेवा गतिविधियों में भाग लेना किसी के मूड को बढ़ा सकता है और

उद्देश्य और तृप्ति की भावना प्रदान कर सकता है। अध्ययनों ने बार-बार पाया है कि जो लोग स्वयंसेवा करते हैं, वे अवसाद की कम दर, जीवन संतोष के बढ़े हुए स्तर और समग्र मानसिक स्वास्थ्य में सुधार का अनुभव करते हैं। दूसरों की मदद करने का कार्य मस्तिष्क के प्राकृतिक मूड ऊंचा करने वाले हार्मोन, एंडोर्फिन, के स्राव को प्रेरित करता है, जो "सहायक की खुशी" के रूप में जाना जाता है। यह भावनात्मक उत्थान केवल अस्थायी नहीं है; नियमित स्वयंसेवक लगातार खुशी और आत्म-सम्मान के स्तर की रिपोर्ट करते हैं।

सामाजिक रूप से, स्वयंसेवा नेटवर्किंग के नए रास्ते खोलती है। यह व्यक्तियों को विविध पृष्ठभूमियों के लोगों से मिलने और साझा मूल्यों और सामान्य लक्ष्यों के आधार पर संबंध बनाने की अनुमति देती है। ये नेटवर्क अमूल्य हो सकते हैं, जो व्यक्तिगत और व्यावसायिक समर्थन दोनों प्रदान करते हैं। स्वयंसेवा के माध्यम से, व्यक्ति अपने सामाजिक कौशल को बढ़ा सकते हैं, टीम का हिस्सा बनना सीख सकते हैं और नेतृत्व क्षमताओं को विकसित कर सकते हैं। कई लोगों के लिए, ये सामाजिक संपर्क महत्वपूर्ण होते हैं, जो उनके जीवन के अन्य क्षेत्रों में अनुपस्थित समुदाय और संबंध की भावना प्रदान करते हैं।

बौद्धिक रूप से, स्वयंसेवा नए कौशल सीखने या मौजूदा कौशल को गहराई से समझने के अवसर प्रदान करती है। चाहे वह कार्यक्रम आयोजित करना हो, परियोजनाओं का प्रबंधन करना हो, या प्रत्यक्ष सेवाएं प्रदान करना हो, स्वयंसेवक अक्सर उन चुनौतियों का सामना करते हैं जिनके लिए रचनात्मक समस्या समाधान की आवश्यकता होती है। यह व्यावहारिक अनुभव विशेष रूप से करियर विकास के लिए फायदेमंद हो सकता है, क्योंकि यह व्यक्तियों को व्यावहारिक सेटिंग्स में सैद्धांतिक ज्ञान लागू करने की अनुमति देता है। इसके अलावा, स्वयंसेवा व्यक्तियों को नई रुचियों और जुनूनों से परिचित करा सकती है, जो करियर विकल्पों और शैक्षणिक खोजों का मार्गदर्शन करती है।

शारीरिक रूप से, स्वयंसेवा की कुछ गतिविधियां किसी के शारीरिक स्वास्थ्य में सुधार कर सकती हैं। ऐसी गतिविधियां जो शारीरिक श्रम को शामिल करती हैं, जैसे जरूरतमंदों के लिए घर बनाना, पार्कों की सफाई करना या चैरिटी रन में भाग लेना, शारीरिक फिटनेस को बढ़ावा देती हैं। इसके अलावा, स्वयंसेवा के सकारात्मक भावनात्मक प्रभाव, जैसे तनाव और चिंता में कमी, बेहतर शारीरिक

स्वास्थ्य परिणामों की ओर ले जा सकते हैं, जिनमें रक्तचाप कम होना और लंबी आयु शामिल हैं।

इसके अलावा, स्वयंसेवा सांस्कृतिक और वैश्विक समझ के लिए एक शक्तिशाली उपकरण के रूप में भी कार्य करती है। उनके लिए जो अंतरराष्ट्रीय स्तर पर या सांस्कृतिक रूप से विविध वातावरण में स्वयंसेवा करते हैं, अनुभव सांस्कृतिक आदान-प्रदान और सहानुभूति विकास में एक गहन अभ्यास हो सकता है। स्वयंसेवक अक्सर विभिन्न रीति-रिवाजों और भाषाओं के साथ समुदायों में खुद को डुबोते हैं, जिससे उन्हें जीवन के अन्य तरीकों के लिए गहरी समझ और सम्मान विकसित करने के लिए प्रेरित किया जाता है। यह सांस्कृतिक संवेदनशीलता आज की वैश्वीकृत दुनिया में एक अमूल्य कौशल है।

स्वयंसेवा लचीलापन भी बढ़ावा देती है। सामुदायिक सेवा में नियमित रूप से भागीदारी व्यक्तियों को वास्तविक दुनिया की चुनौतियों से परिचित कराकर और कठिन परिस्थितियों को नेविगेट करने के अवसर प्रदान करके लचीलेपन की मजबूत भावना विकसित करने में मदद कर सकती है। स्वयंसेवा के माध्यम से प्राप्त समस्या समाधान और भावनात्मक सामना कौशल व्यक्तिगत और पेशेवर चुनौतियों के लिए स्थानांतरित किए जा सकते हैं, जिससे व्यक्ति प्रतिकूलताओं से निपटने के लिए बेहतर तरीके से सुसज्जित हो सकते हैं।

व्यापक अर्थों में, स्वयंसेवा एक बड़ी सामाजिक जागरूकता में योगदान देता है। स्वयंसेवक अक्सर सामाजिक मुद्दों, जैसे बेघरपन, गरीबी और असमानता, की अग्रिम पंक्ति में होते हैं। यह सीधा संपर्क इन मुद्दों की जटिलताओं और गहराई की उनकी समझ को बढ़ाता है और सामाजिक परिवर्तन के लिए एक आजीवन प्रतिबद्धता को प्रज्वलित कर सकता है।

अंत में, स्वयंसेवा नागरिकता का एक कार्य है। यह व्यक्तियों के लिए अपने समुदायों को वापस देने, एक ठोस प्रभाव डालने और लोकतांत्रिक प्रक्रिया में सक्रिय रूप से भाग लेने का एक तरीका है। इस तरह, स्वयंसेवा नागरिक जिम्मेदारी की भावना को पोषित करती है और समाज के ताने-बाने को मजबूत करती है।

स्वयंसेवा का मार्ग व्यक्तिगत विकास के लिए एक समृद्ध परिदृश्य प्रदान करता

है। यह व्यक्तियों को उनके आराम क्षेत्रों से बाहर कदम रखने की चुनौती देता है, उन्हें सार्थक संबंध बनाने के लिए प्रोत्साहित करता है, और संतोष और उद्देश्य की गहरी भावना को प्रेरित करता है। स्वयंसेवा कार्य में संलग्न होकर, व्यक्ति न केवल दूसरों की भलाई में योगदान करते हैं बल्कि आत्म-खोज और विकास की एक गहन यात्रा पर निकलते हैं। इस प्रकार, स्वयंसेवा की परिवर्तनकारी शक्ति न केवल दी गई मदद में बल्कि प्राप्त विकास में भी निहित है, जो इसे वास्तव में परस्पर आदान-प्रदान बनाती है।

"सेवा की भावना दृढ़ता और लचीलापन द्वारा पोषित होती है; यह चुनौतियों और अनिश्चितताओं का सामना करते हुए भी देना जारी रखने की प्रतिबद्धता है।"

7

सेवा में सजगता: दूसरों की सहायता करते समय वर्तमान में बने रहना

सेवा में सजगता का अर्थ है, दूसरों की सहायता करते समय पूरी तरह से वर्तमान और क्षण में संलग्न रहना। यह अपने विचारों, भावनाओं, और कार्यों के साथ-साथ दूसरों की आवश्यकताओं और प्रतिक्रियाओं पर ध्यान केंद्रित करने की एक सचेत प्रक्रिया है। यह दृष्टिकोण न केवल प्रदान की जाने वाली सेवा की गुणवत्ता को बढ़ाता है, बल्कि स्वयंसेवक या देखभालकर्ता की व्यक्तिगत संतुष्टि और प्रभावशीलता को भी गहरा करता है। सेवा गतिविधियों में सजगता को शामिल करने से सामान्य बातचीत को अर्थपूर्ण अनुभवों में बदलने की क्षमता होती है, जो व्यक्तिगत विकास और गहरे सामाजिक प्रभाव दोनों को प्रोत्साहित करती है।

सजगता का अभ्यास प्राचीन ध्यान प्रक्रियाओं से उत्पन्न हुआ है, लेकिन इसे आधुनिक समय में शिक्षा, मनोचिकित्सा, और व्यापार सहित विभिन्न संदर्भों में अनुकूलित किया गया है। सेवा के संदर्भ में, सजगता सहायता के कार्य पर एक जानबूझकर ध्यान केंद्रित करने के लिए प्रेरित करती है, जो दाता और प्राप्तकर्ता के बीच एक गहरे संबंध को बढ़ावा देती है। यह संबंध केवल भावनात्मक या मनोवैज्ञानिक नहीं होता, बल्कि इसके व्यावहारिक प्रभाव भी होते हैं, जो प्रदान की जाने वाली सहायता की प्रभावशीलता को बढ़ाते हैं।

दूसरों की सेवा करते समय सजग रहने का अर्थ है अपनी मानसिक और भावनात्मक स्थिति के प्रति जागरूक होना। यह आत्म-जागरूकता महत्वपूर्ण है क्योंकि यह इस बात को प्रभावित करती है कि व्यक्ति दूसरों के साथ कैसे बातचीत करता है। उदाहरण के लिए, एक स्वयंसेवक जो अपने तनाव या पूर्वाग्रह के प्रति जागरूक है, उन भावनाओं को प्रबंधित करने और उन्हें अपनी बातचीत को प्रभावित करने से रोकने में बेहतर सक्षम हो सकता है। मानसिक और भावनात्मक रूप से उपस्थित रहकर, स्वयंसेवक और देखभालकर्ता अधिक करुणामय और अनुकूल सहायता प्रदान कर सकते हैं, उन वास्तविक जरूरतों को संबोधित कर सकते हैं जिनकी वे मदद कर रहे हैं, बजाय इसके कि वे स्वचालित प्रतिक्रिया या धारणाओं के आधार पर कार्य करें।

सजगता सहानुभूति को भी बढ़ाती है, जो किसी और की भावनाओं को समझने और साझा करने की क्षमता है। जिस व्यक्ति की वे मदद कर रहे हैं, उस पर पूरी तरह से ध्यान केंद्रित करके, स्वयंसेवक उस व्यक्ति की भावनाओं और प्रतिक्रियाओं के सूक्ष्म पहलुओं को बेहतर ढंग से समझ सकते हैं। यह सहानुभूतिपूर्ण संबंध कई सेवा सेटिंग्स में महत्वपूर्ण है, जैसे परामर्श, स्वास्थ्य सेवा, और सामाजिक कार्य, जहां दूसरे की भावनात्मक स्थिति को समझना प्रभावी सहायता प्रदान करने के लिए महत्वपूर्ण हो सकता है। सहानुभूति, जो सजगता द्वारा मजबूत होती है, अधिक उत्तरदायी और अनुकूली बातचीत की अनुमति देती है, जो जटिल मानवीय जरूरतों को पूरा करने के लिए आवश्यक है।

इसके अलावा, सेवा में सजगता भावनात्मक लचीलापन बनाए रखने में मदद करती है। सेवा में शामिल होना, विशेष रूप से अस्पतालों, आपदा क्षेत्रों, या सामाजिक-आर्थिक अभाव वाले क्षेत्रों जैसे चुनौतीपूर्ण सेटिंग्स में, भावनात्मक रूप से थकाऊ हो सकता है। सजगता अभ्यास, जैसे कि केंद्रित श्वास या सजग अवलोकन, स्वयंसेवकों को अपनी भावनाओं का प्रबंधन करने और थकावट को रोकने में मदद कर सकते हैं। ये तकनीक डीकंप्रेस और प्रतिबिंबित करने का एक तरीका प्रदान करती हैं, यह सुनिश्चित करते हुए कि देखभालकर्ता अपने मानसिक स्वास्थ्य को बनाए रखें और प्रभावी ढंग से सेवा जारी रखें।

सेवा में सजगता के लाभ व्यक्तिगत तक ही सीमित नहीं हैं, बल्कि व्यापक समुदाय को भी प्रभावित करते हैं। जब सेवा कार्यकर्ता सजग होते हैं, तो वे अपनी

बातचीत में ध्यान और सम्मान का एक स्वर स्थापित करते हैं, जो देखभाल और गरिमा का सामान्य माहौल पैदा कर सकता है। यह वातावरण विशेष रूप से उन वातावरणों में परिवर्तनकारी हो सकता है जहां व्यक्ति असुरक्षित होते हैं या आघात का अनुभव कर चुके होते हैं, क्योंकि यह सुरक्षा और विश्वास की भावना को बढ़ावा देता है।

सेवा में सजगता नैतिक व्यवहार और अखंडता की संस्कृति में भी योगदान देती है। पूरी तरह से उपस्थित रहकर, व्यक्ति अधिक विवेकपूर्ण तरीके से कार्य करने और अपने कार्यों के प्रभाव पर गहरी विचारशीलता को प्रतिबिंबित करने वाले निर्णय लेने की अधिक संभावना रखते हैं। यह नैतिक संवेदनशीलता कई सेवा भूमिकाओं में महत्वपूर्ण है, जहां निर्णय दूसरों के जीवन को महत्वपूर्ण रूप से प्रभावित कर सकते हैं। सजग सेवा यह सुनिश्चित करती है कि क्रियाएं न केवल प्रभावी हों, बल्कि न्यायसंगत और करुणामय भी हों।

दूसरों की मदद करते समय सजगता का अभ्यास करना प्रशिक्षण और नियमित अभ्यास की आवश्यकता है। सेवा संगठन ध्यान तकनीकों पर कार्यशालाओं और संसाधन प्रदान करके इसे प्रोत्साहित कर सकते हैं। इनमें ध्यान में प्रशिक्षण, निर्देशित चिंतन सत्र, या दैनिक दिनचर्या में सजगता अभ्यास का एकीकरण शामिल हो सकता है। सजगता की संस्कृति को प्रोत्साहित करना न केवल स्वयंसेवकों के व्यक्तिगत अनुभवों को बढ़ाता है, बल्कि उनके द्वारा प्रतिनिधित्व किए गए संगठनों की समग्र प्रभावशीलता और नैतिक मानकों को भी सुधारता है।

इसके अलावा, सेवा में सजगता को शामिल करने से व्यक्तिगत प्रतिबिंब और विकास के क्षण मिलते हैं। स्वयंसेवक अक्सर पाते हैं कि सजग सेवा के माध्यम से, वे अपने जीवन और चुनौतियों में अंतर्दृष्टि प्राप्त करते हैं। यह चिंतनशील प्रक्रिया अधिक आत्म-समझ और व्यक्तिगत विकास की ओर ले जा सकती है, जिससे सजगता एक पारस्परिक रूप से लाभकारी अभ्यास बन जाती है।

सेवा में सजगता न केवल दूसरों की मदद की प्रभावशीलता को बढ़ाने का एक उपकरण है; यह एक परिवर्तनकारी अभ्यास है जो सहायक और सहायता प्राप्त करने वाले के बीच की बातचीत को समृद्ध करता है। यह सेवा कार्य के प्रभाव को गहरा करता है, भावनात्मक और नैतिक विकास को बढ़ावा देता है, और

सामुदायिक बंधनों को मजबूत करता है। सेवा के कार्यों में पूरी तरह से उपस्थित होकर, व्यक्ति न केवल बेहतर सहायता प्रदान करते हैं, बल्कि व्यक्तिगत और सामुदायिक विकास की एक गहन प्रक्रिया में भी संलग्न होते हैं, जो सेवा की सच्ची भावना को मूर्त रूप देता है।

"सेवा में प्रौद्योगिकी को दूरी कम करनी चाहिए, उसे मानवीय संबंधों को प्रतिस्थापित नहीं करना चाहिए; यह एक उपकरण है जो दूरी को पाटने के लिए है, न कि हमें मदद की सच्ची भावना से दूर करने के लिए।"

8

कृतज्ञता को क्रियान्वित करना: हमारे चारों ओर की दुनिया की सराहना करना

कृतज्ञता को क्रियान्वित करना एक ऐसा विचार है जो धन्यवाद की भावना को उन जानबूझकर किए गए कार्यों में बदल देता है, जो हमारे आसपास की दुनिया पर सकारात्मक प्रभाव डालते हैं। इसमें अपने जीवन की प्रचुरता को पहचानना और उसे लौटाने के तरीके सक्रिय रूप से खोजना शामिल है, जिससे उदारता और सराहना का एक चक्र बनता है। यह अभ्यास केवल प्राप्तकर्ताओं के जीवन को समृद्ध नहीं करता, बल्कि देने वाले की भलाई को भी गहराई से बढ़ाता है, एक ऐसी दुनिया में जुड़ाव और उद्देश्य की भावना को बढ़ावा देता है, जो अक्सर विभाजन और भौतिक लाभ को प्राथमिकता देती है।

कृतज्ञता को क्रियान्वित करने का सार आंतरिक भावना को बाहरी कार्यों में बदलने में निहित है। यह केवल आभारी महसूस करने से आगे बढ़कर विचारशील कार्यों के माध्यम से एक ठोस प्रभाव बनाने तक जाता है। ये कार्य छोटे इशारों से लेकर, जैसे धन्यवाद कहना या एक दिल से लिखा हुआ नोट भेजना, बड़े संकल्पों तक हो सकते हैं जैसे स्वयंसेवा करना, दान देना, या जरूरतमंद की मदद करना। हर कार्य, चाहे उसका आकार कुछ भी हो, एक अधिक संवेदनशील और जुड़ी हुई समाज की

और एक कदम है।

कृतज्ञता में संलग्न होना किसी के मानसिक और भावनात्मक स्वास्थ्य को गहराई से प्रभावित कर सकता है। मनोवैज्ञानिक अनुसंधान लगातार दिखाते हैं कि कृतज्ञता का सीधा संबंध अधिक खुशी से है। जो लोग नियमित रूप से कृतज्ञता का अभ्यास करते हैं, वे कम शारीरिक पीड़ा महसूस करते हैं, तनाव के खिलाफ अधिक लचीलापन दिखाते हैं, अकेलेपन की भावना को कम करते हैं, और अधिक संतोषजनक रिश्तों का आनंद लेते हैं। ऐसा इसलिए है क्योंकि कृतज्ञता व्यक्तियों को इस पर ध्यान केंद्रित करने में मदद करती है कि उनके पास क्या है, बजाय इसके कि उन्हें क्या नहीं है, जो मानसिकता को कमी और प्रतिस्पर्धा से प्रचुरता और सहयोग में बदल देता है।

इसके अलावा, कृतज्ञता का प्रभाव केवल व्यक्तियों तक ही सीमित नहीं है, बल्कि यह समुदायों को भी प्रभावित करता है। जब लोग कृतज्ञता के आधार पर कार्य करते हैं, तो वे एक सकारात्मक वातावरण में योगदान करते हैं, जहां दयालुता और उदारता फलती-फूलती है। उदाहरण के लिए, एक पड़ोस के प्रति धन्यवाद के रूप में शुरू की गई एक सामुदायिक परियोजना दूसरों को योगदान देने के लिए प्रेरित कर सकती है, जिससे समुदायिक संबंध मजबूत होते हैं और सभी के लिए जुड़ाव और सुरक्षा की भावना बढ़ती है। ये परियोजनाएं अक्सर समर्थन और सहयोग के अधिक मजबूत नेटवर्क का नेतृत्व करती हैं, जो व्यापक सामाजिक चुनौतियों का समाधान करने के लिए आवश्यक हैं।

कार्यस्थल में, कृतज्ञता संगठनात्मक गतिशीलता को बदल सकती है। जब नेता और कर्मचारी नियमित रूप से एक-दूसरे के प्रयासों को पहचानते और सराहते हैं, तो प्रशंसा की संस्कृति का निर्माण होता है। यह संस्कृति नौकरी से संतुष्टि बढ़ा सकती है, मनोबल को ऊंचा कर सकती है, और कर्मचारियों के पलायन को कम कर सकती है। कॉर्पोरेट वातावरण के भीतर कृतज्ञता को क्रियान्वित करना कॉर्पोरेट सामाजिक उत्तरदायित्व पहलों के माध्यम से भी प्रकट हो सकता है, जहां व्यवसाय समुदायों को वापस देकर अपनी सफलता और समर्थन के लिए धन्यवाद प्रकट करते हैं।

शैक्षिक रूप से, प्रारंभिक अवस्था से पाठ्यक्रमों में कृतज्ञता को एकीकृत करना

लंबे समय तक चलने वाले प्रभाव डाल सकता है। बच्चों को धन्यवाद व्यक्त करना और उनके समुदाय को लौटाना सिखाने से सहानुभूति, भावनात्मक बुद्धिमत्ता, और एक मजबूत नैतिक आधार विकसित होता है। ये कौशल व्यक्तिगत विकास के लिए महत्वपूर्ण हैं और जीवन भर पेशेवर और व्यक्तिगत संबंधों में अत्यधिक मूल्यवान हैं।

कृतज्ञता पर्यावरणीय संरक्षण में भी एक महत्वपूर्ण भूमिका निभाती है। पृथ्वी की प्रचुरता और सुंदरता को पहचानने से इसे संरक्षित और सुरक्षित रखने के लिए प्रेरणा मिल सकती है। इसमें वृक्षारोपण, स्थानीय पार्कों की सफाई, या संरक्षण प्रयासों में भाग लेना शामिल हो सकता है। प्राकृतिक दुनिया के प्रति कृतज्ञता व्यक्त करने के लिए कदम उठाकर, व्यक्ति आने वाली पीढ़ियों के लिए ग्रह की स्थिरता में योगदान करते हैं।

कृतज्ञता को क्रियान्वित करना उदारता में बाधाओं को दूर करने में भी शामिल है, जैसे ईर्ष्या या अधिकार की भावना। कृतज्ञता पर ध्यान केंद्रित करने का चयन करके, व्यक्ति एक ऐसी मानसिकता विकसित कर सकते हैं जो इन बाधाओं को पार करती है और जीवन के प्रति एक समावेशी दृष्टिकोण को बढ़ावा देती है। यह मानसिकता स्वयं को छोड़कर, अपने विशेषाधिकार को समझने, और इसे दूसरों को ऊपर उठाने के लिए उपयोग करने को प्रोत्साहित करती है। यह दृष्टिकोण न केवल असंतोष की भावनाओं को हल करता है, बल्कि दयालुता की एक विरासत भी बनाता है।

इसके अलावा, कृतज्ञता गहराई से पारस्परिक है। कृतज्ञता के कार्य एक देने के चक्र को प्रोत्साहित करते हैं जो अक्सर विभिन्न रूपों में देने वाले के पास लौटता है - चाहे वह सीधे प्रतिदान के रूप में हो या सकारात्मक अंतर बनाने की संतुष्टि के रूप में। इन आदान-प्रदानों से मजबूत हुए सामाजिक बंधन मानव कल्याण और सामाजिक स्थिरता के लिए मौलिक हैं।

एक व्यापक अर्थ में, कृतज्ञता को क्रियान्वित करना सामाजिक सक्रियता का एक रूप हो सकता है। संसाधनों के समान रूप से साझा करने की वकालत करके, दूसरों के योगदान को पहचानकर, और सामाजिक न्याय पहलों का समर्थन करके, कृतज्ञता प्रणालीगत परिवर्तन को प्रभावित कर सकती है। यह प्रतिस्पर्धी और

उदासीनता पर सहयोग और प्रशंसा को प्राथमिकता देकर यथास्थिति को चुनौती देती है।

कृतज्ञता को क्रियान्वित करना व्यक्तिगत और सामाजिक परिवर्तन के लिए एक शक्तिशाली सिद्धांत है। यह व्यक्तियों को केवल आभारी महसूस करने के लिए प्रोत्साहित नहीं करता, बल्कि इस कृतज्ञता पर इस तरह से कार्य करने के लिए प्रेरित करता है जो स्वयं और उनके चारों ओर की दुनिया को लाभ पहुंचाए। इस अभ्यास के माध्यम से, कृतज्ञता केवल एक व्यक्तिगत गुण नहीं रहती; यह एक सामुदायिक संपत्ति बन जाती है, जो अधिक न्यायपूर्ण, उदार और जुड़ी हुई दुनिया का नेतृत्व कर सकती है। इस प्रकार, दैनिक कार्यों में कृतज्ञता को एम्बेड करके, हम सामूहिक रूप से एक ऐसा वातावरण विकसित कर सकते हैं जहां प्रशंसा, उदारता, और पारस्परिक सम्मान सामान्य हों, अंततः एक अधिक सामंजस्यपूर्ण और फलती-फूलती समाज का निर्माण करते हुए।

"सेवा में मान्यता प्रशंसा पाने के लिए नहीं, बल्कि उन सामूहिक प्रयासों को स्वीकारने के लिए है जो बदलाव लाते हैं और दयालुता के आगे के कार्यों को प्रेरित करते हैं।"

९

सेवा की बाधाओं को दूर करना: सामान्य चुनौतियाँ और समाधान

सेवा में संलग्न होना, चाहे वह स्वयंसेवा के माध्यम से हो, सामुदायिक कार्य के माध्यम से, या दूसरों की मदद पर केंद्रित पेशेवर भूमिकाओं के माध्यम से, व्यक्तिगत और समाज दोनों के लिए अत्यंत संतोषजनक और लाभदायक हो सकता है। हालांकि, संभावित स्वयंसेवक और संगठन अक्सर ऐसी महत्वपूर्ण बाधाओं का सामना करते हैं, जो उनके प्रयासों की प्रभावशीलता और पहुंच को बाधित कर सकती हैं। इन चुनौतियों का समाधान उनके कारणों की सूक्ष्म समझ और रणनीतिक समाधानों के कार्यान्वयन की आवश्यकता है, जो अधिक सुलभ और प्रभावी सेवा अवसरों को संभव बना सके।

सेवा में संलग्न होने की प्रमुख बाधाओं में से एक समय की कमी है। कई लोगों को लगता है कि उनकी दैनिक जिम्मेदारियाँ—चाहे वह नौकरी, परिवार, या शिक्षा हो—स्वयंसेवा गतिविधियों के लिए बहुत कम जगह छोड़ती हैं। यह विशेष रूप से उन समाजों में सत्य है, जहाँ लंबे कार्य घंटे सामान्य हैं और जहाँ आर्थिक दबाव कई नौकरियों या विस्तारित कार्यदिवसों को आवश्यक बनाते हैं। इस बाधा को दूर करने के लिए, संगठन अधिक लचीले स्वयंसेवा विकल्प प्रदान कर सकते हैं, जो विभिन्न कार्यक्रमों और प्रतिबद्धताओं के अनुकूल हों। इसमें अल्पकालिक परियोजनाएं, दूरस्थ स्वयंसेवा के अवसर, या ऐसे भूमिकाएँ शामिल हो सकती हैं,

जिनमें वर्ष भर में समय की अलग-अलग मात्रा की आवश्यकता होती है। इसके अतिरिक्त, माइक्रो-वॉलंटियरिंग की अवधारणा को बढ़ावा देना, जहाँ कार्यों को छोटे, प्रबंधनीय कार्यों में विभाजित किया जाता है, जो जल्दी पूरे किए जा सकते हैं, व्यस्त जीवन में सेवा को एकीकृत करने में मदद कर सकता है।

एक अन्य महत्वपूर्ण बाधा कौशल या अनुभव की कमी है। संभावित स्वयंसेवकों को अक्सर लगता है कि उनके पास प्रभावी रूप से योगदान करने के लिए आवश्यक कौशल नहीं हैं, या उन्हें डर होता है कि उनके अनुभव की कमी मदद की बजाय बोझ बन सकती है। इसे संबोधित करने के लिए, संगठन स्वयंसेवकों के लिए प्रशिक्षण और सहायता प्रदान कर सकते हैं। यह न केवल स्वयंसेवकों को अधिक तैयार और मूल्यवान महसूस करने में मदद करता है, बल्कि प्रदान की गई सेवा की गुणवत्ता को भी बढ़ाता है। दूसरी ओर, संगठनों को उपलब्ध भूमिकाओं की विविधता को स्पष्ट रूप से संप्रेषित करना चाहिए, इस बात को रेखांकित करना चाहिए कि योगदान देने के कई तरीके हैं, जिनके लिए विशेष कौशल की आवश्यकता नहीं है, और हर प्रयास, चाहे वह कितना भी छोटा हो, मूल्यवान है।

वित्तीय बाधाएँ भी सेवा जुड़ाव के लिए एक महत्वपूर्ण चुनौती पैदा करती हैं। कई संभावित स्वयंसेवकों को स्वयंसेवा से जुड़े खर्च, जैसे यात्रा व्यय, सामग्री, या काम से अवैतनिक अवकाश के अवसर लागत, द्वारा हतोत्साहित किया जाता है। इन मुद्दों को कम करने के लिए, संगठन स्वयंसेवकों के लिए ऐसे खर्चों को कवर करने के लिए फंडिंग की तलाश कर सकते हैं या स्वयंसेवा को आर्थिक रूप से अधिक व्यवहार्य बनाने के लिए वजीफे प्रदान कर सकते हैं। इसके अतिरिक्त, व्यवसायों के साथ साझेदारी बनाकर, जो प्रायोजित कार्यक्रमों के माध्यम से कर्मचारी स्वयंसेवा को प्रोत्साहित करते हैं, व्यक्तिगत स्वयंसेवकों पर वित्तीय दबाव को भी कम किया जा सकता है।

भौगोलिक बाधाएँ भी सेवा के अवसरों को सीमित कर सकती हैं, विशेष रूप से ग्रामीण या कम सेवा प्राप्त क्षेत्रों में, जहाँ कम संगठन और संसाधन उपलब्ध हो सकते हैं। इन क्षेत्रों में आउटरीच प्रयासों का विस्तार करना या डिजिटल प्लेटफार्मों का उपयोग करके वर्चुअल स्वयंसेवा को बढ़ावा देना भौगोलिक विभाजन को पाटने में मदद कर सकता है। उदाहरण के लिए, ऑनलाइन ट्यूशन देना, गैर-लाभकारी संगठनों के लिए डिजिटल मार्केटिंग, या दूरस्थ प्रशासनिक समर्थन

सभी मूल्यवान सेवाएँ हैं, जो भौतिक स्थान की परवाह किए बिना प्रदान की जा सकती हैं।

सांस्कृतिक बाधाएँ और संगठनों के भीतर विविधता की कमी भी भागीदारी को हतोत्साहित कर सकती हैं। जब संभावित स्वयंसेवक किसी संगठन में खुद को प्रतिनिधित्व करते हुए नहीं देखते हैं, तो वे अस्वागत महसूस कर सकते हैं या यह सुनिश्चित नहीं हो सकते कि उनके योगदान की सराहना की जाएगी। संगठनों को समावेशिता के लिए प्रयास करना चाहिए, विविध पृष्ठभूमियों के समुदाय के नेताओं के साथ सहयोग करके, और कर्मचारियों और स्वयंसेवकों के लिए संवेदनशीलता प्रशिक्षण आयोजित करके। यह एक अधिक स्वागत योग्य वातावरण बनाने में मदद कर सकता है।

इसके अतिरिक्त, जटिल आवेदन प्रक्रियाएँ, पृष्ठभूमि जाँच, और प्रशिक्षण आवश्यकताओं जैसी नौकरशाही बाधाएँ संभावित स्वयंसेवकों को रोक सकती हैं। जबकि ये प्रक्रियाएँ अक्सर सुरक्षा और संगठनात्मक अखंडता के लिए आवश्यक होती हैं, इन प्रक्रियाओं को सरल और यथासंभव पारदर्शी बनाना अधिक लोगों को सेवा में शामिल होने के लिए प्रोत्साहित कर सकता है। स्पष्ट निर्देश, आवेदन प्रक्रिया के दौरान समर्थन, और समय पर प्रतिक्रिया प्रदान करना नौकरशाही की बाधाओं से जुड़े डर या हताशा को कम करने में मदद कर सकता है।

अंततः, थकावट और मान्यता की कमी स्वयंसेवकों को हतोत्साहित कर सकती है। सेवा में निरंतर भागीदारी, विशेष रूप से भावनात्मक रूप से मांग वाली भूमिकाओं में, उचित समर्थन प्रणालियाँ न होने पर थकावट का कारण बन सकती है। संगठन थकावट को रोकने के लिए नियमित प्रशिक्षण, सहायता समूह, और पर्याप्त आराम प्रदान करने की रणनीतियाँ लागू कर सकते हैं। पुरस्कार, धन्यवाद कार्यक्रमों, और सार्वजनिक मान्यता के माध्यम से स्वयंसेवकों के योगदान को पहचानना और उनका उत्सव मनाना भी प्रेरणा और मूल्यवान महसूस करने की भावना को बढ़ा सकता है।

इन बाधाओं को दूर करने के लिए संगठनों, समुदायों, और सरकारों द्वारा एक संयुक्त प्रयास की आवश्यकता है, जो ऐसी परिस्थितियाँ बनाएँ जो सेवा को सुविधाजनक और प्रोत्साहित करती हों। इन चुनौतियों का विचारशील समाधानों

के साथ समाधान करके, सेवा के अवसर अधिक सुलभ, आनंददायक, और प्रभावी बन सकते हैं, जिससे व्यापक रूप से व्यक्तियों को समाज के सुधार में योगदान देने का अवसर मिल सके। ऐसे प्रयासों के माध्यम से, सेवा की भावना को बनाए रखा और विस्तारित किया जा सकता है, जिससे एक अधिक दयालु और सक्रिय समुदाय का निर्माण हो सकता है।

"हर समुदाय की अपनी आवश्यकता और प्रतिक्रिया की लय होती है; प्रभावी सेवा इस लय को सुनती है, उस गति और पैटर्न को खोजती है जो गहराई से प्रतिध्वनित होते हैं।"

10

देखभाल के समुदाय का निर्माण: एक बेहतर दुनिया के लिए मिलकर काम करना

देखभाल के समुदाय का निर्माण एक ऐसी संस्कृति को पोषित करना है, जहाँ व्यक्ति सामूहिक रूप से एक-दूसरे के कल्याण का समर्थन करने और एक सामान्य भलाई के लिए काम करने के लिए प्रतिबद्ध हों। यह विचार समुदाय की पारंपरिक अवधारणा को, केवल एक-दूसरे के निकट रहने वाले लोगों के समूह के रूप में, पार करता है। इसके बजाय, यह सहानुभूति, जिम्मेदारी, और पारस्परिक सहायता के साझा मूल्यों द्वारा संचालित संबंधों के एक गतिशील नेटवर्क की कल्पना करता है। एक देखभाल के समुदाय में, सदस्य सक्रिय रूप से एक सहायक वातावरण बनाने में भाग लेते हैं, जो सभी सदस्यों के जीवन की गुणवत्ता को बढ़ाता है, एक जुड़ाव और उद्देश्य की भावना को बढ़ावा देता है, जो सामाजिक प्रगति के लिए महत्वपूर्ण है।

ऐसे समुदाय की नींव सभी सदस्यों की परस्पर जुड़ाव को पहचानने और इस विश्वास पर आधारित है कि प्रत्येक व्यक्ति का कल्याण सामुदायिक कल्याण से स्वाभाविक रूप से जुड़ा हुआ है। यह समझ सदस्यों को अपने व्यक्तिगत हितों से परे देखने और उनके कार्यों के व्यापक प्रभावों पर विचार करने के लिए प्रेरित

करती है। यह एक ऐसी मानसिकता को विकसित करता है, जहाँ लोग न केवल अपने लिए बल्कि अपने पड़ोसियों के लिए भी जिम्मेदार महसूस करते हैं, जिससे अधिक विचारशील और दयालु संपर्कों की ओर अग्रसर होता है।

देखभाल के समुदाय का निर्माण करने की प्रमुख रणनीतियों में से एक खुला और सतत संवाद को बढ़ावा देना है। नियमित संवाद विभिन्न सामुदायिक सदस्यों के बीच की खाई को पाटने में मदद करता है, जिससे विविध दृष्टिकोणों और आवश्यकताओं को बेहतर तरीके से समझा जा सकता है। इसे सामुदायिक बैठकों, सामाजिक आयोजनों, और डिजिटल प्लेटफार्मों के माध्यम से सुगम बनाया जा सकता है, जो बातचीत और चर्चा को प्रोत्साहित करते हैं। प्रभावी संवाद में सक्रिय सुनने के कौशल भी शामिल हैं, जहाँ सदस्य एक-दूसरे की चिंताओं और सुझावों पर वास्तव में ध्यान देते हैं, विश्वास और सम्मान का माहौल बनाते हैं।

एक और महत्वपूर्ण तत्व समावेशिता है। एक देखभाल के समुदाय को समावेशी बनने का प्रयास करना चाहिए, यह सुनिश्चित करते हुए कि सभी सदस्य, चाहे उनकी उम्र, जाति, लिंग, सामाजिक-आर्थिक स्थिति, या शारीरिक क्षमता कुछ भी हो, सामुदायिक जीवन में पूर्ण रूप से भाग लेने का अवसर प्राप्त करें। इसमें केवल खुला निमंत्रण ही नहीं, बल्कि उन बाधाओं को दूर करने के लिए सक्रिय उपाय भी शामिल हैं, जो भागीदारी को रोक सकती हैं। उदाहरण के लिए, भाषा अनुवाद सेवाएँ प्रदान करना, विकलांग व्यक्तियों के लिए पहुँच सुनिश्चित करना, और हाशिए पर रहने वाले समूहों के लिए सुरक्षित स्थान बनाना ऐसे कार्य हैं, जो समावेशी समुदाय में योगदान देते हैं।

समुदाय के भीतर सहयोग और साझेदारी भी महत्वपूर्ण हैं। कई सामाजिक चुनौतियाँ जटिल होती हैं और उन्हें व्यक्तियों या एकल संस्थाओं द्वारा संबोधित नहीं किया जा सकता है। सामूहिक प्रयास, जो विभिन्न हितधारकों—निवासियों, स्थानीय व्यवसायों, गैर-लाभकारी संगठनों, और सरकारी एजेंसियों—को एक साथ लाते हैं, मुद्दों को अधिक प्रभावी ढंग से हल करने के लिए विविध संसाधनों और विशेषज्ञता का लाभ उठा सकते हैं। साझेदारियाँ औपचारिक या अनौपचारिक हो सकती हैं, लेकिन उन्हें पारस्परिक लक्ष्यों और साझा लाभों पर आधारित होना चाहिए।

सामुदायिक सदस्यों को नेतृत्व भूमिकाएँ लेने के लिए सशक्त बनाना देखभाल के समुदाय के निर्माण का एक और आवश्यक पहलू है। सशक्तिकरण में उन कौशलों, संसाधनों, और अवसरों को प्रदान करना शामिल है, जो व्यक्तियों को सामुदायिक विकास में प्रभावी रूप से योगदान करने के लिए आवश्यक हैं। इसमें नेतृत्व प्रशिक्षण कार्यक्रम, सामुदायिक परियोजनाओं के लिए अनुदान, और मार्गदर्शन के अवसर शामिल हो सकते हैं। सशक्त व्यक्ति सकारात्मक परिवर्तन शुरू करने और दूसरों को शामिल होने के लिए प्रेरित करने की अधिक संभावना रखते हैं, जिससे एक सक्रिय सामुदायिक संस्कृति का निर्माण होता है।

शिक्षा और जागरूकता बढ़ाना एक संवेदनशील समुदाय को विकसित करने में भी महत्वपूर्ण है। मानसिक स्वास्थ्य, पर्यावरणीय स्थिरता, और सामाजिक न्याय जैसे मुद्दों के बारे में सदस्यों को शिक्षित करके, समुदाय उन चुनौतियों की गहरी समझ विकसित कर सकते हैं, जिनका वे सामना कर रहे हैं और उन्हें संबोधित करने में उनकी क्या भूमिका हो सकती है। कार्यशालाओं, सेमिनारों, और सामुदायिक-आधारित शिक्षण परियोजनाओं के माध्यम से जागरूकता अभियानों को सुगम बनाया जा सकता है, जो सदस्यों को सक्रिय रूप से शामिल करते हैं और व्यावहारिक ज्ञान और कौशल प्रदान करते हैं।

इसके अलावा, सामुदायिक सदस्यों के योगदानों को पहचानना और उनका उत्सव मनाना देखभाल के कार्यों के लिए प्रेरणा को बनाए रखने और उनके मूल्य को स्वीकारने के लिए महत्वपूर्ण है। उन व्यक्तियों और समूहों के सार्वजनिक रूप से मान्यता और उत्सव, जो समुदाय में महत्वपूर्ण योगदान देते हैं, सकारात्मक व्यवहारों को सुदृढ़ कर सकते हैं और दूसरों को भी योगदान करने के लिए प्रोत्साहित कर सकते हैं।

सामुदायिक समर्थन प्रणालियाँ प्रदान करना भी आवश्यक है। इनमें स्वास्थ्य सेवाएँ, भावनात्मक परामर्श, वित्तीय सहायता, और अन्य प्रकार के समर्थन शामिल हो सकते हैं, जो यह सुनिश्चित करते हैं कि सभी सदस्य आवश्यकता होने पर सहायता प्राप्त कर सकें। प्रभावी समर्थन प्रणालियाँ न केवल व्यक्तियों को व्यक्तिगत चुनौतियों को दूर करने में मदद करती हैं, बल्कि संकटों को रोकने और दीर्घकालिक समस्याओं को कम करने के द्वारा समुदाय को मजबूत बनाती हैं।

अंततः, देखभाल के समुदाय का निर्माण निरंतर सुधार के प्रति प्रतिबद्धता की आवश्यकता है। इसमें सामुदायिक आवश्यकताओं का नियमित मूल्यांकन, सामुदायिक पहलों की प्रभावशीलता का मूल्यांकन करने के लिए प्रतिक्रिया तंत्र, और समय के साथ रणनीतियों को अनुकूलित और विकसित करने की इच्छा शामिल है। निरंतर सुधार यह सुनिश्चित करने में मदद करता है कि समुदाय अपने सदस्यों की बदलती आवश्यकताओं के प्रति उत्तरदायी रहे और नई चुनौतियों का सामना करने में लचीला हो।

असल में, देखभाल के समुदाय का निर्माण एक स्थायी ढाँचा बनाने के बारे में है, जहाँ हर किसी को महत्व दिया जाता है और समर्थन मिलता है। यह विचारशील योजना, सक्रिय भागीदारी, और एक ऐसे वातावरण को पोषित करने के लिए निरंतर समर्पण की आवश्यकता है, जहाँ हर कोई फल-फूल सके। एक बेहतर दुनिया के लिए मिलकर काम करके, समुदाय मजबूत, अधिक एकजुट, और भविष्य की चुनौतियों का सामना करने के लिए बेहतर ढंग से सुसज्जित बन सकते हैं, देखभाल करने के अर्थ को पूरी तरह से साकार करते हुए।

"सेवा में नेतृत्व विनम्रता और दृष्टि के बारे में है; यह उदाहरण के द्वारा नेतृत्व करने और दूसरों को हमारी दुनिया को बेहतर बनाने के अथक प्रयास में शामिल होने के लिए प्रेरित करने के बारे में है।"

11

स्थायी सेवा: यह सुनिश्चित करना कि हमारे प्रयास लंबे समय तक टिकें

स्थायी सेवा एक महत्वपूर्ण अवधारणा है जो स्वयंसेवा के प्रयासों और सामुदायिक कार्यक्रमों की दीर्घायु और प्रभावशीलता सुनिश्चित करती है। यह ऐसे पहलों को बनाने पर ध्यान केंद्रित करता है जो न केवल अल्पकालिक रूप से प्रभावशाली हों, बल्कि समय के साथ टिकाऊ और अनुकूलनशील भी हों, जिससे समुदाय और पर्यावरण को दीर्घकालिक लाभ प्राप्त हो। स्थायी सेवा की कुंजी विचारशील योजना, संसाधन प्रबंधन, और सामुदायिक भागीदारी में निहित है, जिससे यह सुनिश्चित हो कि आज शुरू की गई परियोजनाएँ भविष्य में भी फलती-फूलती और अनुकूलित होती रहें।

स्थायी सेवा की ओर पहला कदम समुदाय की जरूरतों का गहन मूल्यांकन करना है। इसमें समुदाय के साथ जुड़ना और उनकी विशिष्ट चुनौतियों और संसाधनों को समझना शामिल है। समुदाय के सदस्यों को जरूरतों के मूल्यांकन में शामिल करके, संगठन यह सुनिश्चित कर सकते हैं कि प्रदान की गई सेवाएँ प्रासंगिक हैं और समुदाय की वास्तविक जरूरतों को संबोधित करती हैं, न कि थोपे गए समाधान जो स्थानीय प्राथमिकताओं के अनुरूप नहीं हो सकते। यह नीचे से ऊपर

तक का दृष्टिकोण ऐसे कार्यक्रमों के निर्माण में मदद करता है जो समुदाय द्वारा अधिक स्वीकार्य और टिकाऊ होने की संभावना रखते हैं।

स्थायी सेवा का एक और महत्वपूर्ण पहलू दीर्घकालिक दृष्टिकोण के साथ परियोजनाओं को डिज़ाइन करना है। इसका अर्थ है केवल तत्काल परिणामों पर विचार करना ही नहीं, बल्कि यह भी सुनिश्चित करना कि परियोजनाएँ भविष्य में कैसे संचालित होती रहेंगी। इस संदर्भ में स्थायित्व में सावधानीपूर्वक संसाधन प्रबंधन शामिल है, जिसमें वित्तीय स्थिरता की योजना बनाना, स्थानीय नेताओं को प्रशिक्षित करना, और चल रहे समर्थन और रखरखाव के लिए तंत्र विकसित करना शामिल है। उदाहरण के लिए, एक स्वास्थ्य पहल में न केवल उपचार घटकों को शामिल करना चाहिए, बल्कि शिक्षा, रोकथाम, और स्थानीय स्वास्थ्य सेवा प्रदाताओं के साथ साझेदारी भी होनी चाहिए, जिससे निरंतरता सुनिश्चित हो।

वित्तीय स्थिरता महत्वपूर्ण है और इसे सुरक्षित करना सबसे चुनौतीपूर्ण पहलुओं में से एक हो सकता है। स्थायी सेवा परियोजनाओं को अक्सर प्रारंभिक धन की आवश्यकता होती है, लेकिन उन्हें आय उत्पन्न करने या सतत धन स्रोतों को सुरक्षित करने की योजना भी होनी चाहिए। यह स्थानीय सरकारी समर्थन, निजी दान, या प्रदान की जाने वाली सेवा से संबंधित आय-सृजन गतिविधियों के माध्यम से हो सकता है। एक विविध फंडिंग आधार स्थापित करने से कार्यक्रमों को आर्थिक उतार-चढ़ाव और धन में कटौती से बचाने में मदद मिलती है।

समुदाय के भीतर क्षमता निर्माण भी स्थिरता के लिए आवश्यक है। इसमें स्थानीय व्यक्तियों को सामुदायिक परियोजनाओं का नेतृत्व और प्रबंधन करने के लिए प्रशिक्षित और सशक्त बनाना शामिल है। स्थानीय नेतृत्व को विकसित करके, संगठन यह सुनिश्चित करते हैं कि समुदाय के पास परियोजनाओं को जारी रखने के लिए आवश्यक कौशल और ज्ञान हो, भले ही बाहरी समर्थन समाप्त हो जाए। यह सशक्तिकरण सामुदायिक सदस्यों के बीच स्वामित्व और जिम्मेदारी की भावना को भी बढ़ावा देता है, जो सेवा प्रयासों की दीर्घकालिक सफलता और स्थिरता के लिए महत्वपूर्ण है।

तकनीकी स्थिरता को भी ध्यान में रखा जाना चाहिए, विशेष रूप से उन परियोजनाओं में जो काम करने के लिए तकनीक पर निर्भर हैं। इसमें स्थानीय

संदर्भ के लिए उपयुक्त और रखरखाव और संचालन के मामले में टिकाऊ प्रौद्योगिकी का चयन करना शामिल है। उदाहरण के लिए, दूरस्थ क्षेत्रों में सौर ऊर्जा जैसी नवीकरणीय ऊर्जा स्रोतों का उपयोग करना डीजल जनरेटर पर निर्भर रहने की तुलना में अधिक टिकाऊ हो सकता है, जिसे निरंतर ईंधन आपूर्ति और रखरखाव की आवश्यकता होती है।

पर्यावरणीय स्थिरता एक और प्रमुख घटक है, यह सुनिश्चित करते हुए कि सेवा परियोजनाएँ पर्यावरण को नुकसान न पहुँचाएँ, बल्कि उसकी मदद करें। इसे प्रत्येक परियोजना में पर्यावरणीय प्रभाव पर विचार करके और पर्यावरण-अनुकूल सामग्री और प्रथाओं को अपनाकर एकीकृत किया जा सकता है। उदाहरण के लिए, सामुदायिक आवास के लिए एक निर्माण परियोजना को ऐसे टिकाऊ सामग्री और तकनीकों का उपयोग करना चाहिए जो पर्यावरणीय प्रभाव को कम करते हुए समुदाय की पर्यावरणीय परिवर्तनों के प्रति लचीलापन बढ़ाएँ।

निगरानी और मूल्यांकन स्थायी सेवा के लिए महत्वपूर्ण हैं। परियोजनाओं का नियमित मूल्यांकन न केवल उनके प्रभाव को मापता है, बल्कि सुधार के लिए क्षेत्रों की पहचान भी करता है। यह चल रहे मूल्यांकन यह सुनिश्चित करता है कि सेवाएँ समय के साथ प्रासंगिक और प्रभावी बनी रहें और बदलती परिस्थितियों या जरूरतों के अनुकूल हों। प्रभावी निगरानी और मूल्यांकन प्रणाली विश्वसनीयता और पारदर्शिता भी बनाती है, जिससे धनदाताओं और सामुदायिक सदस्यों से अधिक समर्थन प्राप्त होता है।

अंत में, साझेदारी को बढ़ावा देना स्थायी सेवा में आवश्यक है। स्थानीय सरकारों, अन्य गैर-लाभकारी संगठनों, व्यवसायों, और अंतर्राष्ट्रीय संगठनों के साथ सहयोग अतिरिक्त संसाधन और समर्थन प्रदान कर सकता है, सेवा परियोजनाओं के दायरे और प्रभाव को बढ़ा सकता है। ये साझेदारियाँ नई अंतर्दृष्टि और दृष्टिकोण भी प्रदान कर सकती हैं, स्थिरता के लिए समग्र रणनीति में सुधार कर सकती हैं।

स्थायी सेवा के लिए एक व्यापक दृष्टिकोण की आवश्यकता होती है, जिसमें सावधानीपूर्वक योजना, सामुदायिक भागीदारी, संसाधन प्रबंधन, और सतत मूल्यांकन शामिल हैं। इन तत्वों पर ध्यान केंद्रित करके, सेवा पहल अस्थायी

समाधानों से परे जा सकती हैं और समर्थन के स्थायी स्रोतों में बदल सकती हैं जो समुदायों को सशक्त बनाती हैं और एक स्वस्थ, अधिक टिकाऊ वातावरण को बढ़ावा देती हैं। स्थायी सेवा का लक्ष्य सकारात्मक परिवर्तन की एक विरासत बनाना है जो भविष्य की पीढ़ियों को लाभान्वित करना जारी रखे, निरंतर सुधार और स्थायी प्रभाव की नींव स्थापित करे।

"सेवा में स्थिरता ऐसे पहल बनाए रखना है, जो हमारे शामिल होने के बाद भी टिके रहें; यह परिवर्तन के ऐसे बीज बोना है, जो हमारे जाने के लंबे समय बाद भी समुदाय में गहरी जड़ें जमाएँ।"

12

सुनने की शक्ति: सेवा में आवश्यकताओं को समझना

सुनने की शक्ति सेवा के क्षेत्र में एक मौलिक घटक है, चाहे वह स्वास्थ्य देखभाल, शिक्षा, सामाजिक कार्य, या दूसरों की मदद और समर्थन पर केंद्रित किसी भी क्षेत्र में हो। प्रभावी सुनना केवल शब्दों को सुनने तक सीमित नहीं है; इसमें समझ, सहानुभूति, और उत्तरदायित्व शामिल है। जब सेवा प्रदाता उन लोगों को वास्तव में सुनते हैं जिनकी वे सेवा करते हैं, तो वे अंतर्निहित मुद्दों और आवश्यकताओं की बेहतर पहचान और समाधान कर सकते हैं, जिससे अधिक प्रभावशाली और अर्थपूर्ण संपर्क स्थापित होता है।

सुनना एक सक्रिय प्रक्रिया है, जिसमें पूर्ण सगाई और ध्यान की आवश्यकता होती है। यह दूसरों के दृष्टिकोण, भावनाओं, और आवश्यकताओं को बिना त्वरित निर्णय या हस्तक्षेप के समझने के लिए एक सचेत प्रयास करने के बारे में है। इस तरह का गहन सुनना सेवा प्रदाता और प्राप्तकर्ता के बीच विश्वास का निर्माण करता है, जो प्रभावी सेवा वितरण के लिए महत्वपूर्ण है। जब व्यक्ति सुने और समझे जाते हैं, तो वे अधिक खुलकर साझा करते हैं, जो उनकी सहायता और देखभाल में मदद कर सकता है।

उदाहरण के लिए, सामाजिक सेवाओं के संदर्भ में, जो पेशेवर सुनने में कुशल

होते हैं, वे न केवल अपने ग्राहकों की स्पष्ट आवश्यकताओं को समझ पाते हैं, बल्कि अप्रकट, अव्यक्त चिंताओं को भी पहचान सकते हैं, जो उतनी ही महत्वपूर्ण हो सकती हैं। इसमें मानसिक स्वास्थ्य संघर्षों, पारिवारिक दबावों, या छिपे हुए संकटों के संकेत शामिल हो सकते हैं, जो तुरंत स्पष्ट नहीं होते। इन बारीकियों पर ध्यान देकर, सेवा प्रदाता अपनी हस्तक्षेप रणनीतियों को अधिक सटीक और प्रभावी रूप से तैयार कर सकते हैं, केवल सामान्य समाधान प्रदान करने के बजाय व्यक्तिगत समर्थन प्रदान करते हुए।

सुनने की शक्ति संघर्ष समाधान में भी महत्वपूर्ण भूमिका निभाती है। ऐसी स्थितियों में, जहाँ तनाव और असहमति उत्पन्न होती है, सुनने का कार्य संघर्षों को कम करने में मदद कर सकता है, क्योंकि यह विभिन्न दृष्टिकोणों के लिए सम्मान दिखाता है। इसका अर्थ यह नहीं है कि दूसरे व्यक्ति के दृष्टिकोण से सहमत हुआ जाए, बल्कि उनके दृष्टिकोण के अधिकार को मान्यता देना है। ऐसी स्वीकृति अधिक रचनात्मक संवाद का मार्ग प्रशस्त कर सकती है, जहाँ सभी पक्षों को समझने के बाद समाधान खोजे जाते हैं, बजाय इसके कि अपनी राय को थोप दिया जाए।

इसके अलावा, सुनना समुदायों और संगठनों के भीतर समावेशिता और विविधता को बढ़ावा देने के लिए आवश्यक है। एक ऐसी दुनिया में, जो संस्कृतियों, पृष्ठभूमियों, और अनुभवों में अत्यंत विविध है, एक-दूसरे से सुनने और सीखने की क्षमता अमूल्य है। यह विभिन्न सामाजिक समूहों के बीच की खाई को पाटने में मदद करता है, एक अधिक समावेशी वातावरण को बढ़ावा देता है, जहाँ सभी आवाजें सुनी और सराही जाती हैं। यह समावेशिता सामुदायिक संबंधों को मजबूत करती है और सहयोगात्मक प्रयासों को बढ़ाती है, जो सफल सेवा पहलों के लिए महत्वपूर्ण हैं।

प्रभावी सुनना गैर-मौखिक संकेतों जैसे शारीरिक भाषा, चेहरे के भाव, और आवाज़ के स्वर को भी शामिल करता है, जो कभी-कभी शब्दों से अधिक संचारित कर सकते हैं। इन गैर-मौखिक संकेतों के प्रति सजग रहना किसी व्यक्ति की भावनाओं और प्रतिक्रियाओं में गहरी अंतर्दृष्टि प्रदान कर सकता है, जो उनकी स्थिति के प्रति उनकी वास्तविक प्रतिक्रिया को समझने में सहायक हो सकता है। उदाहरण के लिए, कोई व्यक्ति मौखिक रूप से किसी कार्य योजना से सहमत

हो सकता है, लेकिन उसकी शारीरिक भाषा झिझक या संदेह का संकेत दे सकती है। इन विसंगतियों को पहचानने से सेवा प्रदाताओं को उन चिंताओं को संबोधित करने की अनुमति मिलती है, जो स्पष्ट रूप से व्यक्त नहीं की गई हैं।

सेवा में शामिल व्यक्तियों के लिए सुनने के कौशल का प्रशिक्षण और विकास अत्यंत महत्वपूर्ण है। कार्यशालाएँ, भूमिका-निर्माण अभ्यास, और अन्य प्रशिक्षण कार्यक्रम सुनने के कौशल को बढ़ा सकते हैं, व्यक्तियों को यह सिखाते हैं कि खुले-आम प्रश्न कैसे पूछें, सहानुभूति दिखाएँ, और प्रतिक्रिया दें जो संवादित किए गए संदेश को स्वीकार और आगे बढ़ाती है। ये कौशल न केवल पेशेवर रूप से बल्कि व्यक्तिगत संबंधों और दैनिक संपर्कों में भी लाभदायक हैं।

सुनना एक सतत सीखने की प्रक्रिया है। प्रत्येक संपर्क इस कौशल का अभ्यास और परिष्कृत करने का अवसर प्रदान करता है। इसमें सुनने, सीखने, और अनुकूलन की एक सतत प्रक्रिया शामिल है, जो समय के साथ सेवा को अधिक प्रभावी और उत्तरदायी बना सकती है। इसके अतिरिक्त, संगठनों के भीतर सुनने की संस्कृति को बढ़ावा देना बेहतर टीमवर्क, अधिक नवीन विचारों, और एक अधिक सामंजस्यपूर्ण कार्य वातावरण की ओर ले जा सकता है।

इसके अलावा, डिजिटल संचार के युग में, सुनने का महत्व ऑनलाइन प्लेटफार्मों तक भी फैला हुआ है। सेवा प्रदाताओं को लिखित संवादों की व्याख्या करने और उपयुक्त प्रतिक्रिया देने में कुशल होना चाहिए, जिसके लिए एक अलग प्रकार के सुनने (या पढ़ने) कौशल की आवश्यकता होती है। इसमें ऑनलाइन बातचीत के स्वर के प्रति संवेदनशील होना और लिखित संदेशों के पीछे के संदर्भ को समझना शामिल है, जिन्हें आमने-सामने संचार में उपलब्ध संकेतों के बिना अक्सर गलत समझा जा सकता है।

अंत में, सेवा के संदर्भ में सुनने की शक्ति अपार है। यह एक निष्क्रिय कार्य नहीं है बल्कि सहानुभूति, सतर्कता, और उत्तरदायित्व शामिल करने वाली एक गतिशील प्रक्रिया है। सुनने की कला में महारत हासिल करके, सेवा प्रदाता उस देखभाल और समर्थन की गुणवत्ता को काफी हद तक बढ़ा सकते हैं जो वे प्रदान करते हैं, जिससे बेहतर परिणाम और मजबूत संबंध बनते हैं। अंततः, सुनना प्रत्येक व्यक्ति की गरिमा और मूल्य का सम्मान करने, उनके अनुभवों को स्वीकारने, और उनकी

भावनाओं को मान्यता देने के बारे में है, जो किसी भी प्रभावी सेवा-उन्मुख संपर्क की आधारशिला है।

"सेवा सांस्कृतिक बाधाओं को पार करती है; यह करुणा की सार्वभौमिक भाषा बोलती है, जिसे सुनने, सीखने, और मदद करने के इच्छुक दिलों द्वारा समझा जाता है।"

13

शिक्षा के माध्यम से सशक्तिकरण: सेवा के रूप में शिक्षण

शिक्षा के माध्यम से सशक्तिकरण सेवा के सबसे गहन रूपों में से एक है, जो स्वतंत्रता, आलोचनात्मक सोच, और सामाजिक-आर्थिक गतिशीलता को बढ़ावा देकर व्यक्तियों और समुदायों पर प्रभाव डालता है। सेवा के रूप में शिक्षा पारंपरिक कक्षा सेटिंग से परे जाती है और विभिन्न प्रकार के शिक्षण अनुभवों को समाहित करती है, जो व्यक्तियों को बढ़ने, समाज में पूर्ण रूप से भाग लेने, और अपने जीवन का नियंत्रण लेने में सक्षम बनाती है। यह परिवर्तनकारी दृष्टिकोण न केवल प्रत्यक्ष प्राप्तकर्ताओं को लाभ पहुंचाता है, बल्कि पीढ़ियों और समुदायों में लहरदार प्रभाव डालता है, जिससे यह सतत विकास का एक आधार बनता है।

शैक्षिक सशक्तिकरण की नींव

मूल रूप से, शिक्षा के माध्यम से सशक्तिकरण उन उपकरणों और अवसरों को प्रदान करने के बारे में है, जो व्यक्तियों को ज्ञान और कौशल का निर्माण करने में सक्षम बनाते हैं, जिससे वे सूचित निर्णय ले सकें और अपनी तकदीर खुद बना सकें। यह सेवा इस विश्वास पर आधारित है कि शिक्षा सभी के लिए सुलभ होनी चाहिए, चाहे किसी की पृष्ठभूमि, आर्थिक स्थिति, या भौगोलिक स्थान कुछ भी हो। इसमें उन बाधाओं को तोड़ना शामिल है, जिनका कई लोग सामना करते

हैं—चाहे वह गरीबी, भेदभाव, या सांस्कृतिक प्रतिबंध हों—इस प्रकार समानता सुनिश्चित करते हुए असमानताओं को समाप्त करना।

समाज परिवर्तन के लिए शिक्षा का उपकरण

शिक्षा समाज परिवर्तन के लिए एक शक्तिशाली उपकरण के रूप में कार्य करती है, समानता को बढ़ावा देकर और अधिकारों की रक्षा करके। साक्षर और शिक्षित व्यक्ति लोकतांत्रिक प्रक्रिया में भाग लेने, बेहतर नौकरी के अवसर प्राप्त करने, और न्याय की माँग करने की अधिक संभावना रखते हैं, इस प्रकार अपने समुदायों के समग्र स्वास्थ्य और शासन में योगदान करते हैं। इसके अलावा, स्वास्थ्य, वित्तीय साक्षरता, और कानून जैसे क्षेत्रों में शिक्षा व्यक्तियों को अपने जीवन की स्थिति में सुधार करने, अपने संसाधनों का समझदारी से प्रबंधन करने, और उन प्रणालियों को समझने में सक्षम बनाती है, जो उनके दैनिक जीवन को प्रभावित करती हैं।

सशक्तिकरण में शिक्षकों की भूमिका

शिक्षकों की इस प्रक्रिया में महत्वपूर्ण भूमिका होती है। उनका कार्य केवल जानकारी के प्रसार तक सीमित नहीं है; वे सीखने के सुगमकर्ता हैं, जो जिज्ञासा को प्रेरित करते हैं और आलोचनात्मक सोच को प्रोत्साहित करते हैं। प्रभावी शिक्षक अपने छात्रों की विविध आवश्यकताओं को पूरा करने के लिए अपने शिक्षण तरीकों को अनुकूलित करते हैं, ऐसे समावेशी वातावरण बनाते हैं जो विभिन्न दृष्टिकोणों और सीखने की शैलियों का सम्मान और समावेश करते हैं। वे सहानुभूति, दृढ़ता, और ईमानदारी जैसे मूल्यों को प्रदर्शित करने वाले मार्गदर्शक और रोल मॉडल भी होते हैं।

शैक्षिक सशक्तिकरण में चुनौतियाँ

इसके बावजूद, शिक्षा के माध्यम से सशक्तिकरण का मार्ग कई चुनौतियों से भरा हुआ है। शैक्षिक पहुँच और गुणवत्ता में असमानताएँ बनी हुई हैं, और वंचित समूह अक्सर निम्नस्तरीय संसाधन प्राप्त करते हैं। इन चुनौतियों को दूर करने के लिए प्रणालीगत परिवर्तन की आवश्यकता है—शैक्षिक बुनियादी ढांचे में निवेश, शिक्षक

प्रशिक्षण, और पाठ्यक्रम सुधार जो रटने पर जोर देने के बजाय आलोचनात्मक सोच को प्राथमिकता देते हैं।

इसके अलावा, डिजिटल विभाजन विशेष रूप से ऑनलाइन शिक्षा की ओर वैश्विक बदलावों द्वारा उजागर हुआ है। यह सुनिश्चित करना कि सभी छात्रों को डिजिटल उपकरणों और इंटरनेट तक पहुँच प्राप्त हो, आधुनिक शिक्षा के लिए आवश्यक है। शिक्षकों और संस्थानों को भी अपने शिक्षण में प्रौद्योगिकी को शामिल करने में कुशल होना चाहिए, ताकि यह सीखने को बढ़ावा दे, बजाय मौजूदा अंतराल को और चौड़ा करने के।

शैक्षिक सशक्तिकरण में सामुदायिक भागीदारी

सामुदायिक भागीदारी शैक्षिक सशक्तिकरण में आवश्यक है। स्थानीय समुदाय स्कूलों और शिक्षण कार्यक्रमों का समर्थन संसाधन प्रदान करके, स्वयंसेवा करके, और शिक्षा को महत्व देने वाली संस्कृति बनाकर कर सकते हैं। सामुदायिक नेतृत्व वाली शैक्षिक पहलों को विशेष रूप से प्रभावी माना जाता है, क्योंकि वे समुदाय की विशिष्ट जरूरतों और संदर्भों के अनुरूप होती हैं, जिससे शिक्षा प्रासंगिक और आकर्षक बनती है।

शैक्षणिक सीमाओं से परे शिक्षा

शिक्षा के माध्यम से सशक्तिकरण में पारंपरिक शैक्षणिक विषयों से परे जीवन कौशल शिक्षा शामिल है—जैसे भावनात्मक बुद्धिमत्ता, संघर्ष समाधान, और व्यावहारिक वित्तीय कौशल। ये दक्षताएँ व्यक्तिगत विकास और कक्षा के बाहर जीवन में सफलता के लिए महत्वपूर्ण हैं। इसके अलावा, शिक्षा सामाजिक मुद्दों जैसे पूर्वाग्रह और असमानता का समाधान करने का एक शक्तिशाली साधन हो सकती है, जो विविध संस्कृतियों और दृष्टिकोणों की समझ को बढ़ावा देती है।

आजीवन शिक्षा

सेवा के रूप में शिक्षा केवल बचपन या औपचारिक शैक्षिक सेटिंग्स तक सीमित नहीं है; यह वयस्क शिक्षा और आजीवन शिक्षा तक फैली हुई है। कौशल को बढ़ाने या करियर बदलने के लिए शिक्षा में लौटने वाले वयस्क बदलते आर्थिक परिदृश्यों

और व्यक्तिगत परिस्थितियों के अनुकूल होने वाले सीखने के अवसरों से गहराई से सशक्त हो सकते हैं।

वैश्विक दृष्टिकोण और सहयोग

वैश्विक स्तर पर, शैक्षिक सशक्तिकरण अंतर्राष्ट्रीय विकास लक्ष्यों में योगदान कर सकता है। देशों के बीच सहयोग, शैक्षिक आदान-प्रदान और सहायता कार्यक्रमों के माध्यम से, दुनिया भर में शैक्षिक मानकों को ऊपर उठाने में मदद कर सकता है। ऐसा अंतर्राष्ट्रीय सहयोग न केवल वैश्विक शैक्षिक असमानताओं को दूर करने में मदद करता है, बल्कि विविध प्रथाओं और दृष्टिकोणों के संपर्क में लाकर शैक्षिक अनुभव को समृद्ध भी करता है।

निष्कर्षतः, सेवा के रूप में शिक्षा के माध्यम से सशक्तिकरण एक बहुआयामी प्रयास है, जिसमें व्यक्तियों, शिक्षकों, समुदायों, और सरकारों की प्रतिबद्धता शामिल है। यह एक गतिशील और सतत प्रक्रिया है, जो समाज और वैश्विक परिदृश्य की विकसित होती जरूरतों के अनुरूप है। शिक्षा को महत्व देकर और इसमें निवेश करके, हम एक अधिक न्यायपूर्ण, समान, और प्रबुद्ध दुनिया के लिए नींव रखते हैं, यह प्रदर्शित करते हुए कि शिक्षण, अपने सबसे समावेशी और व्यापक रूप में, वास्तव में सेवा का सबसे उच्चतम रूप है।

"समावेशी सेवा का अर्थ है कि हर किसी की एक भूमिका है, एक योगदान है; मदद करने वाले हाथों में विविधता समाधान को समृद्धि और लचीलापन प्रदान करती है।"

14

चिकित्सकीय शब्द: प्रोत्साहन और समर्थन का प्रभाव

भाषा की शक्ति, जो मानव अनुभव को आकार देती है, उसे कम करके नहीं आंका जा सकता। शब्दों में वह क्षमता होती है, जो उपचार कर सकते हैं, सांत्वना दे सकते हैं, सशक्त बना सकते हैं, और पुष्टि कर सकते हैं। सेवा और देखभाल के क्षेत्र में, उपचारात्मक शब्दों—जो प्रोत्साहन और समर्थन प्रदान करते हैं—का रणनीतिक उपयोग व्यक्तियों के भावनात्मक, मानसिक, और यहाँ तक कि शारीरिक स्वास्थ्य पर महत्वपूर्ण प्रभाव डाल सकता है। इन उपचारात्मक शब्दों के प्रभाव और विभिन्न संदर्भों में उनके प्रभावी उपयोग को समझना उन सभी के लिए महत्वपूर्ण है, जो दूसरों की सेवा में लगे हुए हैं, चाहे वे शिक्षक हों, स्वास्थ्य सेवा प्रदाता, परामर्शदाता, या सामाजिक कार्यकर्ता।

शब्दों की चिकित्सकीय शक्ति

मूल रूप से, उपचारात्मक शब्दों का उपयोग व्यक्तियों और समुदायों में सकारात्मक परिवर्तन को सुगम बनाने के लिए भाषा का उपयोग करने के बारे में है। प्रोत्साहन के शब्द केवल जानकारी नहीं देते, बल्कि भावनात्मक सामग्री भी संप्रेषित करते हैं, जो व्यक्तियों को चुनौतियों का सामना करने, कठिनाइयों को पार करने, और समर्थित और मूल्यवान महसूस करने में मदद कर सकते हैं।

उदाहरण के लिए, क्लिनिकल सेटिंग्स में, चिकित्सा पेशेवर निदान और उपचार के बारे में कैसे संवाद करते हैं, यह इस पर गहरा प्रभाव डाल सकता है कि मरीज अपनी स्थिति और स्वस्थ होने की संभावनाओं को कैसे देखते हैं। सकारात्मक भाषा आशा और लचीलापन पैदा कर सकती है, जबकि नकारात्मक भाषा निराशा और पलायन की ओर ले जा सकती है।

मनोवैज्ञानिक आधार

शब्दों का मनोवैज्ञानिक प्रभाव उनकी सोच की प्रवृत्तियों को प्रभावित करने की क्षमता में निहित है। सकारात्मक पुष्टि और सहायक भाषा व्यक्तियों को नकारात्मक विचारों को फिर से फ्रेम करने और एक अधिक आशावादी दृष्टिकोण विकसित करने में मदद कर सकती है। यह संज्ञानात्मक पुनर्गठन विभिन्न चिकित्सीय सेटिंग्स, जैसे कि संज्ञानात्मक-व्यवहारात्मक चिकित्सा (CBT), में उपयोग की जाने वाली एक मौलिक तकनीक है। एक अधिक सकारात्मक दृष्टिकोण को प्रोत्साहित करके, उपचारात्मक शब्द मानसिक स्वास्थ्य पर सीधा प्रभाव डाल सकते हैं, चिंता और अवसाद के लक्षणों को कम कर सकते हैं, और समग्र भावनात्मक भलाई को बढ़ावा दे सकते हैं।

शब्दों के सामाजिक संयोजक के रूप में भूमिका

प्रोत्साहन और समर्थन के शब्द सामाजिक संबंधों को मजबूत करने में भी महत्वपूर्ण भूमिका निभाते हैं। संकट या तनाव के समय, सहानुभूति, समझ, और एकजुटता व्यक्त करने वाले शब्द विशेष रूप से शक्तिशाली हो सकते हैं। वे व्यक्ति की भावनाओं और अनुभवों की पुष्टि करते हैं, उनकी भावनाओं को मान्यता देते हैं और उन्हें महसूस कराते हैं कि वे देखे और सुने गए हैं। यह मान्यता विश्वास और मेलजोल के निर्माण के लिए महत्वपूर्ण है, जो प्रभावी समर्थन नेटवर्क की नींव हैं। संवादात्मक पुष्टि के माध्यम से सुगम सामाजिक समर्थन बेहतर स्वास्थ्य परिणामों से जुड़ा है, जिसमें मृत्यु दर कम और तनाव के खिलाफ अधिक लचीलापन शामिल है।

सांस्कृतिक विचार

उपचारात्मक शब्दों का प्रभाव विभिन्न सांस्कृतिक संदर्भों में भिन्न होता है। जो एक संस्कृति में प्रोत्साहन या समर्थन के रूप में माना जाता है, वह दूसरी संस्कृति में उसी तरह से नहीं लिया जा सकता। यह सांस्कृतिक विविधता संचार के प्रति एक संवेदनशील दृष्टिकोण की आवश्यकता को रेखांकित करती है, जो सांस्कृतिक मानदंडों, मूल्यों, और सहानुभूति और समर्थन की अभिव्यक्तियों की समझ से सूचित हो। बहुसांस्कृतिक वातावरण में काम करने वाले सेवा प्रदाताओं के लिए सांस्कृतिक क्षमता—विभिन्न सांस्कृतिक दृष्टिकोणों के प्रति जागरूक और सम्मानित होना—उपचारात्मक शब्दों के प्रभावी उपयोग के लिए आवश्यक है।

शैक्षिक संदर्भ

शैक्षिक वातावरण में, शिक्षकों और कर्मचारियों द्वारा सहायक और प्रोत्साहनपूर्ण भाषा का उपयोग छात्रों के आत्मसम्मान, प्रेरणा, और प्रदर्शन को नाटकीय रूप से प्रभावित कर सकता है। सकारात्मक प्रतिक्रिया, जब प्रभावी ढंग से दी जाती है, तो छात्रों को एक विकास मानसिकता विकसित करने में मदद करती है—यह विश्वास कि उनके प्रयास और दृढ़ता के साथ उनकी क्षमताएँ समय के साथ सुधार सकती हैं। यह मानसिकता आजीवन सीखने के लिए महत्वपूर्ण है और छात्रों के शैक्षिक मार्गों को काफी हद तक बदल सकती है। इसके विपरीत, नकारात्मक भाषा या आलोचना छात्रों की प्रेरणा और आत्म-मूल्य को कम कर सकती है, संभावित रूप से उनके शैक्षिक विकास को बाधित कर सकती है।

कार्यस्थल वातावरण

इसी तरह, कार्यस्थल में, प्रबंधक और सहकर्मी उपचारात्मक शब्दों का उपयोग करके एक सकारात्मक संगठनात्मक संस्कृति को बढ़ावा दे सकते हैं। कर्मचारियों के प्रयासों को पहचानना, रचनात्मक प्रतिक्रिया प्रदान करना, और परिवर्तन के समय आश्वासन और सहायक भाषा के साथ संवाद करना मनोबल बनाए रखने और नौकरी की संतुष्टि और उत्पादकता बढ़ाने में मदद कर सकता है। ऐसे वातावरण में, उपचारात्मक शब्द सुरक्षा और समुदाय की भावना पैदा करने में

मदद करते हैं, जो संगठनात्मक सफलता के लिए महत्वपूर्ण है।

उपचारात्मक शब्दों के उपयोग में चुनौतियाँ

उनके लाभों के बावजूद, उपचारात्मक शब्दों का प्रभावी उपयोग चुनौतियों से रहित नहीं है। इसके लिए भावनात्मक बुद्धिमत्ता, सामाजिक संकेतों को पढ़ने की क्षमता, और दूसरों की भावनात्मक अवस्थाओं के अनुरूप संचार शैली को अपनाने की आवश्यकता होती है। इसके अलावा, अत्यधिक निर्भरता का जोखिम है, जहाँ व्यक्ति बाहरी मान्यता पर अत्यधिक निर्भर हो सकते हैं, बजाय इसके कि वे अपनी लचीलापन और आत्म-पुष्टि तंत्र विकसित करें।

प्रशिक्षण और अभ्यास

इन चुनौतियों से पार पाने के लिए, सभी सेवा क्षमताओं में पेशेवरों के लिए संचार कौशल का प्रशिक्षण एक मुख्य घटक होना चाहिए। कार्यशालाएँ, भूमिका निभाने वाले अभ्यास, और मार्गदर्शन कार्यक्रम व्यक्तियों को प्रभावी ढंग से सहानुभूति और समर्थन व्यक्त करना सिखा सकते हैं। इसके अलावा, संचार प्रथाओं पर नियमित चिंतन और प्रतिक्रिया सेवा प्रदाताओं को अपनी भाषा के उपयोग को परिष्कृत करने में मदद कर सकती है, जिससे यह सुनिश्चित हो सके कि यह लगातार उपचार और उत्थानकारी हो।

उपचारात्मक शब्द—जो प्रोत्साहन और समर्थन प्रदान करते हैं—व्यक्तियों और समुदायों में भलाई और लचीलापन को बढ़ावा देने में एक अनिवार्य भूमिका निभाते हैं। उनका सही उपयोग अंतःक्रियाओं और संबंधों को बदल सकता है, उन्हें मानवता की सेवा में एक शक्तिशाली उपकरण बना सकता है। भाषा के माध्यम से उपचार की कला में महारत हासिल करके, सेवा प्रदाता न केवल तत्काल आवश्यकताओं को संबोधित कर सकते हैं, बल्कि उन लोगों के दीर्घकालिक स्वास्थ्य और जीवन शक्ति में भी योगदान कर सकते हैं, जिन्हें वे सेवा देते हैं, यह साबित करते हुए कि कभी-कभी, सबसे सरल शब्द वास्तव में सबसे शक्तिशाली औषधि हो सकते हैं।

"सहायता की नैतिकता हमें अपनी मदद के प्रभाव के बारे में आलोचनात्मक रूप से सोचने की आवश्यकता देती है; सच्ची सहायता वह है जो सशक्त करती है, न कि निर्भरता पैदा करती है।"

15

मदद की नैतिकता: सहायता की जटिलताओं को समझना

मदद प्रदान करना, जो पहली नजर में परोपकारी प्रतीत होता है, नैतिक जटिलताओं से भरा हुआ है जो ऐसे प्रयासों के इरादों और परिणामों को चुनौती दे सकता है। चाहे यह मानवीय सहायता हो, दान हो, या व्यक्तिगत सहयोग हो, मदद की नैतिकता को समझने के लिए परिणामों, उद्देश्यों और सहायता की विधियों का विचारशील विश्लेषण आवश्यक है। यह निबंध मदद प्रदान करने के जटिल परिदृश्य की पड़ताल करता है और ऐसे नैतिक ढांचे की आवश्यकता को रेखांकित करता है जो सहायता को प्रभावी और प्राप्तकर्ताओं की गरिमा और स्वायत्तता के प्रति सम्मानजनक बनाता है।

मदद की नैतिकता का महत्व समझना

मूल रूप से, मदद का सिद्धांत दूसरों के कल्याण में सुधार की इच्छा पर आधारित है। हालांकि, बिना सावधानीपूर्वक नैतिक विचार के, सहायता कभी-कभी निर्भरता को जन्म दे सकती है, स्थानीय संरचनाओं को कमजोर कर सकती है, या यहां तक कि जिन समस्याओं को हल करने का लक्ष्य है उन्हें और बढ़ा सकती है। मदद की नैतिकता में आवश्यक समर्थन प्रदान करने और सहायता प्राप्तकर्ताओं के बीच स्वतंत्रता को प्रोत्साहित करने के बीच एक सावधानीपूर्वक संतुलन शामिल है।

स्वायत्तता और अधिकारों का सम्मान

मदद प्रदान करने में एक प्रमुख नैतिक चिंता यह है कि सहायता प्राप्त करने वालों की स्वायत्तता और अधिकारों का सम्मान किया जाए। इसका मतलब है कि व्यक्तियों को उनकी परिस्थितियों को बेहतर बनाने के लिए निर्णय लेने और कार्रवाई करने में सक्षम सक्रिय एजेंट के रूप में मान्यता दी जाए। यह पारंपरिक सहायता मॉडल में देखे जाने वाले पितृसत्तात्मक दृष्टिकोण को चुनौती देता है, जहां प्राप्तकर्ताओं की सहमति या इनपुट के बिना उनके लिए निर्णय लिए जाते हैं। इसके बजाय, नैतिक मदद में लाभार्थियों के साथ सहयोग शामिल होता है ताकि यह सुनिश्चित हो सके कि सहायता न केवल उनकी तत्काल जरूरतों को पूरा करे बल्कि उन्हें अपनी पुनर्प्राप्ति या विकास का नेतृत्व करने के लिए सशक्त भी बनाए।

हानि से बचाव

नैतिक सिद्धांत "हानि मत पहुँचाओ" सहायता के संदर्भ में विशेष रूप से प्रासंगिक है। यह सिद्धांत इस बात की आवश्यकता करता है कि दूसरों की मदद करने के लिए उठाए गए कदम अनजाने में नुकसान न पहुंचाएं। उदाहरण के लिए, सहायता स्थानीय बाजारों को विकृत नहीं करनी चाहिए, स्थानीय श्रमिकों को विस्थापित नहीं करना चाहिए, या समुदायों के भीतर संघर्षों को प्रोत्साहित नहीं करना चाहिए। सहायता के इन नुकसानों से बचने के लिए स्थानीय संदर्भ और संभावित परिणामों को समझना महत्वपूर्ण है। इसमें गहन क्षेत्रीय अनुसंधान, स्थानीय नेताओं के साथ सहभागिता, और सहायता के प्रभावों की निरंतर निगरानी और मूल्यांकन शामिल हो सकते हैं।

संस्कृति के प्रति संवेदनशीलता

सहायता प्रयासों को सांस्कृतिक रूप से संवेदनशील होना चाहिए। जो एक सांस्कृतिक संदर्भ में मददगार या उपयुक्त माना जाता है, वह दूसरे में नहीं हो सकता। नैतिक मदद स्थानीय रीति-रिवाजों, परंपराओं और सामाजिक मानदंडों का सम्मान और अनुकूलन करती है। इसमें इन सूक्ष्मताओं को समझने के लिए

समुदाय के साथ सहभागिता और सांस्कृतिक रूप से संगत सहायता कार्यक्रम तैयार करना शामिल है। सांस्कृतिक पहलुओं की अनदेखी प्रतिरोध, गलतफहमियों, और सहायता कार्यक्रमों की विफलता का कारण बन सकती है।

पारदर्शिता और जवाबदेही

सहायता प्रदान करने में पारदर्शिता और जवाबदेही भरोसा बनाए रखने और यह सुनिश्चित करने के लिए महत्वपूर्ण हैं कि संसाधनों का प्रभावी ढंग से उपयोग किया जाए। दाताओं, एनजीओ और सहायता संगठनों को अपने लक्ष्यों, प्रक्रियाओं और परिणामों को स्पष्ट रूप से अपने लाभार्थियों और प्रायोजकों के साथ संवाद करना चाहिए। यह खुलापन भ्रष्टाचार, कुप्रबंधन और संसाधनों के दुरुपयोग को रोकने में मदद करता है। यह यह भी सुनिश्चित करता है कि सहायता उन तक पहुंचे जिन्हें इसकी सबसे ज्यादा जरूरत है।

स्थिरता का निर्माण

सहायता नैतिक रूप से सही होनी चाहिए और इसे स्थिरता की ओर अग्रसर होना चाहिए। इसका मतलब है कि सहायता एक अस्थायी समाधान नहीं होनी चाहिए बल्कि उन जरूरतों के मूल कारणों को संबोधित करने वाले दीर्घकालिक समाधान बनाने में योगदान देना चाहिए। स्थिरता में स्थानीय क्षमता का निर्माण, बुनियादी ढांचे के विकास का समर्थन, और यह सुनिश्चित करना शामिल है कि परियोजनाएं पर्यावरणीय रूप से स्थिर और दीर्घकालिक रूप से आर्थिक रूप से व्यवहार्य हों।

मदद देने के पीछे की प्रेरणाएँ

मदद प्रदान करने के उद्देश्यों की भी समीक्षा की जानी चाहिए। नैतिक सहायता दूसरों के जीवन को सुधारने के वास्तविक इरादे के साथ दी जाती है, न कि व्यक्तिगत लाभ, राजनीतिक प्रभाव, या जनसंपर्क लाभ के लिए। जब सहायता गलत कारणों से दी जाती है, तो यह प्राथमिकताओं को विकृत कर सकती है और ऐसी सहायता को जन्म दे सकती है जो प्राप्तकर्ताओं से अधिक दाताओं की सेवा

करती है।

समावेशी निर्णय-प्रक्रिया

नैतिक मदद के लिए समावेशी निर्णय-प्रक्रिया आवश्यक है। इसमें लाभार्थियों को सहायता परियोजनाओं के नियोजन, कार्यान्वयन और मूल्यांकन चरणों में शामिल करना शामिल है। ऐसा करके, सहायता प्रदाता यह सुनिश्चित कर सकते हैं कि कार्यक्रम प्रासंगिक हों और समुदाय की विशिष्ट आवश्यकताओं को प्रभावी ढंग से संबोधित करें। समावेशन प्राप्तकर्ताओं के बीच स्वामित्व और सहभागिता को भी बढ़ावा देता है, जो सहायता प्रयासों की सफलता और स्थिरता के लिए महत्वपूर्ण है।

सहायता की जटिलताओं को समझने के लिए एक मजबूत नैतिक ढांचे की आवश्यकता होती है जो स्वायत्तता, सांस्कृतिक संवेदनशीलता, पारदर्शिता और स्थिरता पर जोर देता है। इन सिद्धांतों का पालन करके, व्यक्ति और संगठन ऐसी मदद प्रदान कर सकते हैं जो न केवल तत्काल आवश्यकताओं को पूरा करती है बल्कि दीर्घकालिक विकास और सशक्तिकरण को भी बढ़ावा देती है। अंततः, नैतिक मदद केवल संसाधन प्रदान करने के बारे में नहीं है; यह व्यक्तियों और समुदायों का सम्मान करते हुए, उनकी क्षमताओं को बढ़ाते हुए और एक न्यायसंगत और समान दुनिया में योगदान करते हुए समर्थन देने के बारे में है।

"सेवा का जश्न मानवता का जश्न है; यह स्वीकार करना है कि हमारे विविध बाहरी रूपों के पीछे एक साझा इच्छा है – सहयोग, उत्थान और एकता।"

16

संस्कृतियों के पार सेवा: मदद करते समय भिन्नताओं का सम्मान

एक वैश्वीकृत दुनिया में, सेवा पहल अक्सर विविध संस्कृतियों में फैली होती हैं, जिससे प्रभावशीलता और सम्मान सुनिश्चित करने के लिए संवेदनशील और सूचित दृष्टिकोण की आवश्यकता होती है। विभिन्न सांस्कृतिक परिदृश्यों में सेवा में भाग लेना अद्वितीय चुनौतियाँ और अवसर प्रस्तुत करता है, जिसके लिए सांस्कृतिक मानदंडों, मूल्यों और अपेक्षाओं को समझना आवश्यक है। यह निबंध सांस्कृतिक विविधता को समझते हुए सेवा प्रदान करने के तरीकों की पड़ताल करता है, ताकि सहायता सम्मानजनक और प्रभावशाली हो, और सकारात्मक संबंधों और स्थायी परिणामों को प्रोत्साहित करे।

सेवा में सांस्कृतिक दक्षता

सफल अंतर-सांस्कृतिक सेवा की नींव सांस्कृतिक दक्षता में निहित है, जिसमें सांस्कृतिक परिवर्तनों के अद्वितीय संयोजन और मानवीय विविधता की पूरी श्रृंखला को समझना और उचित प्रतिक्रिया देना शामिल है। सांस्कृतिक दक्षता केवल सांस्कृतिक भिन्नताओं के प्रति जागरूकता से आगे बढ़ती है—यह अपनी सांस्कृतिक जानकारी बढ़ाने और सेवाओं को सांस्कृतिक रूप से अद्वितीय जरूरतों के अनुरूप बनाने की क्षमता को सक्रिय रूप से बढ़ाने के लिए कदम उठाने

की मांग करती है।

सेवा प्रदाताओं को सबसे पहले आत्म-जागरूकता और शिक्षा की प्रक्रिया में संलग्न होना चाहिए ताकि वे अपनी सांस्कृतिक पूर्वाग्रहों और दृष्टिकोणों को पहचान सकें। यह आत्म-परीक्षण महत्वपूर्ण है क्योंकि यह दूसरों पर अपनी सांस्कृतिक मानदंडों को थोपने से रोकता है, जिससे गलतफहमियां हो सकती हैं और सहायता की प्रभावशीलता कम हो सकती है। इस संदर्भ में शिक्षा में उन समुदायों के सांस्कृतिक, सामाजिक, आर्थिक और राजनीतिक संदर्भों के बारे में जानना शामिल है जिनकी सेवा की जा रही है। इसमें स्थानीय रीति-रिवाजों, भाषाओं, गैर-मौखिक संचार संकेतों और उन समुदायों को आकार देने वाले ऐतिहासिक कारकों को समझना शामिल है।

समुदाय से सुनना और सीखना

संस्कृतियों के पार प्रभावी सेवा के लिए एक ऐसा दृष्टिकोण अपनाना आवश्यक है जिसमें स्थानीय समुदाय के सदस्यों की आवाज़ें और राय न केवल सुनी जाएं बल्कि प्राथमिकता दी जाएं। इसमें सामुदायिक बैठकों, फोकस समूहों और व्यक्तिगत बातचीत के माध्यम से नियमित सहभागिता शामिल है। ऐसी सहभागिताओं को सेवा प्रदाताओं के लिए समुदाय की जरूरतों, इच्छाओं और प्रस्तावित हस्तक्षेपों के संभावित अनपेक्षित परिणामों के बारे में जानकारी प्राप्त करने के अवसर के रूप में देखा जाना चाहिए।

सेवा परियोजनाओं की योजना और कार्यान्वयन चरणों में समुदाय के सदस्यों को सक्रिय रूप से शामिल करके, प्रदाता यह सुनिश्चित करते हैं कि सेवाएँ सांस्कृतिक रूप से उपयुक्त हैं और समुदाय द्वारा अधिक स्वीकार्य और स्थायी हैं। यह सहभागिता दृष्टिकोण समुदायों को सशक्त बनाता है, जिससे उन्हें परियोजनाओं और पहलों पर स्वामित्व का एहसास होता है, जो दीर्घकालिक सफलता के लिए महत्वपूर्ण है।

सेवा विधियों को सांस्कृतिक संदर्भ में ढालना

अनुकूलन में सेवा विधियों को उन समुदायों के सांस्कृतिक संदर्भ के अनुकूल

बनाना शामिल है जिनकी सेवा की जा रही है। इसमें संचार शैलियों, सेवा वितरण विधियों, और यहां तक कि प्रदान की जाने वाली सेवाओं के प्रकार में संशोधन की आवश्यकता हो सकती है। उदाहरण के लिए, उच्च निरक्षरता दर वाले क्षेत्रों में शैक्षिक कार्यक्रमों को लिखित सामग्री के बजाय दृश्य सहायता और मौखिक शिक्षण पर अधिक निर्भर करना पड़ सकता है। स्वास्थ्य पहलों को चिकित्सा और उपचार के आसपास की स्थानीय मान्यताओं और प्रथाओं पर विचार करने की आवश्यकता हो सकती है।

इसके अलावा, अनुकूलन में समय और रसद भी शामिल है। समय की सांस्कृतिक अवधारणाओं, महत्वपूर्ण सांस्कृतिक या धार्मिक तिथियों, और स्थानीय छुट्टियों को समझना सेवा गतिविधियों को समुदाय की लय और मानदंडों का सम्मान करते हुए शेड्यूल और लागू करने के लिए महत्वपूर्ण है।

विश्वास निर्माण और सम्मान को बढ़ावा देना

अंतर-सांस्कृतिक सेवा में विश्वास एक महत्वपूर्ण तत्व है। विश्वास निर्माण में निरंतर, सम्मानजनक बातचीत शामिल है जो विश्वसनीयता और समुदाय की भलाई के प्रति एक सच्ची रुचि प्रदर्शित करती है। यह स्थानीय कर्मचारियों को नियुक्त करने, स्थानीय नेताओं को शामिल करने और स्थानीय संसाधनों का उपयोग करने से सुगम हो सकता है, जो न केवल स्थानीय अर्थव्यवस्था को बढ़ावा देता है बल्कि समुदाय की क्षमताओं के प्रति सम्मान भी दर्शाता है।

समुदाय के प्रति सम्मान में समुदाय की मौजूदा ताकतों और संसाधनों को स्वीकार करना और महत्व देना भी शामिल है। हर समुदाय में उनकी अपनी संपत्तियां होती हैं, जैसे कि स्थानीय ज्ञान, पारंपरिक प्रथाएं और सामुदायिक नेटवर्क, जो प्रभावी और स्थायी सेवा हस्तक्षेपों को डिजाइन करने में सहायक हो सकते हैं।

भाषा बाधाओं का समाधान

संस्कृतियों के पार प्रभावी सेवा प्रदान करने में भाषा भिन्नताएं एक महत्वपूर्ण बाधा हो सकती हैं। इन बाधाओं को दूर करने के लिए द्विभाषी कर्मचारियों को नियुक्त करना, पेशेवर अनुवादकों का उपयोग करना, या सेवा प्रदाताओं के लिए

भाषा प्रशिक्षण प्रदान करना उपयोगी हो सकता है। यह सुनिश्चित करना कि संचार स्पष्ट, सम्मानजनक और सुलभ हो, समझ बनाने में मदद करता है और अधिक प्रभावी सेवा वितरण को सुविधाजनक बनाता है।

प्रभाव का मूल्यांकन और प्रतिक्रिया जुटाना

सुनिश्चित करने के लिए कि अंतर-सांस्कृतिक सेवाएं प्रभावी हैं और समुदाय की जरूरतों को पूरा करती हैं, निरंतर मूल्यांकन और प्रतिक्रिया आवश्यक है। इसमें प्रतिक्रिया तंत्र स्थापित करना शामिल है जिसके माध्यम से समुदाय के सदस्य प्रदान की गई सेवाओं के बारे में अपनी संतुष्टि या चिंताओं को व्यक्त कर सकते हैं। मूल्यांकन को यह विचार करना चाहिए कि सफलता के रूप में सांस्कृतिक दृष्टिकोण क्या है और समुदाय के विचारों और प्राथमिकताओं का सम्मान करना चाहिए।

संस्कृतियों के पार सेवा एक जटिल लेकिन पुरस्कृत प्रयास है जिसके लिए सांस्कृतिक विविधता को समझने और सम्मान देने के लिए गहरी प्रतिबद्धता की आवश्यकता होती है। सांस्कृतिक दक्षता विकसित करके, सक्रिय रूप से सुनने में संलग्न होकर, सेवाओं को स्थानीय संदर्भों में अनुकूलित करके, और विश्वास का निर्माण करके, सेवा प्रदाता ऐसी मदद प्रदान कर सकते हैं जो न केवल प्रभावी हो बल्कि गरिमामय और सम्मानजनक भी हो। ऐसे विचारशील और सूचित दृष्टिकोणों के माध्यम से, सेवा पहल दुनिया भर में विविध समुदायों में सकारात्मक और स्थायी प्रभाव डाल सकती हैं, सहयोग और सम्मान की वैश्विक भावना को बढ़ावा देती हैं।

"दयालुता के एक छोटे से कार्य का प्रभाव बहुत बड़ा हो सकता है; किसी अन्य के जीवन की दिशा बदलने की शक्ति को कभी कम मत आंकिए।"

17

अच्छे के लिए तकनीक: बेहतर पहुंच के लिए उपकरणों का उपयोग

एक ऐसे युग में जहां तकनीक जीवन के हर पहलू में समाई हुई है, सामाजिक सेवा और मानवीय प्रयासों में इसका उपयोग एक परिवर्तनकारी अवसर प्रस्तुत करता है। अच्छे के लिए तकनीक का उपयोग डिजिटल उपकरणों, प्लेटफार्मों और प्रणालियों को सेवा पहलों की दक्षता और प्रभाव को बढ़ाने के लिए एकीकृत करने की अवधारणा को समाहित करता है। यह एकीकरण समाधान को बढ़ाने, वंचित जनसंख्या तक पहुंचने और सहायता और संसाधनों की आपूर्ति में सुधार करने में सहायता करता है। यह निबंध सेवा प्रयासों की पहुंच और प्रभावशीलता को बढ़ाने में तकनीक की बहुआयामी भूमिका की पड़ताल करता है, संभावित लाभों और उन विचारों की जांच करता है जो यह सुनिश्चित करने के लिए आवश्यक हैं कि ये उपकरण लोगों के जीवन में वास्तविक सुधार लाएं।

डिजिटल प्लेटफार्मों के माध्यम से पहुंच बढ़ाना

सेवा में तकनीक के प्राथमिक लाभों में से एक है भौगोलिक बाधाओं को पार करने की इसकी क्षमता। डिजिटल प्लेटफ़ॉर्म विशेषज्ञों और संसाधनों को दूरस्थ या वंचित क्षेत्रों से जोड़ सकते हैं, जो परंपरागत रूप से गुणवत्तापूर्ण शिक्षा, स्वास्थ्य देखभाल और अन्य महत्वपूर्ण सेवाओं तक पहुंच से वंचित हैं। उदाहरण के लिए,

टेलीमेडिसिन ग्रामीण क्लीनिकों में विशेषज्ञ चिकित्सा परामर्श प्रदान कर सकता है, जबकि शैक्षिक ऐप्स और ऑनलाइन पाठ्यक्रम दूरदराज के क्षेत्रों में छात्रों को सीखने के अवसर प्रदान करते हैं। ये तकनीकें न केवल पहुंच का विस्तार करती हैं बल्कि चुनौतीपूर्ण परिस्थितियों में सेवाओं की निरंतरता भी सुनिश्चित करती हैं।

संचार और समन्वय को बढ़ाना

तकनीक सेवा प्रदाताओं और उनके सेवा समुदायों के बीच संचार चैनलों में सुधार करती है, साथ ही प्रदाताओं के बीच भी। उदाहरण के लिए, मोबाइल ऐप और सोशल मीडिया प्लेटफ़ॉर्म वास्तविक समय की बातचीत को सक्षम बनाते हैं, जिससे जानकारी फैलाना, प्रतिक्रिया एकत्र करना, और लाभार्थियों के साथ सक्रिय रूप से जुड़ना आसान हो जाता है। संगठनों के लिए, क्लाउड-आधारित उपकरण और सहयोग सॉफ़्टवेयर आंतरिक संचालन और समन्वय को बढ़ा सकते हैं, यह सुनिश्चित करते हुए कि विभिन्न स्थानों में फैली टीमें एक साथ सहजता से काम कर सकें, डेटा प्रभावी ढंग से साझा कर सकें और अपने प्रयासों को संरेखित कर सकें।

डेटा-संचालित निर्णय लेना

बड़ी मात्रा में डेटा एकत्र करने, विश्लेषण करने और उपयोग करने की क्षमता तकनीक द्वारा प्रदान किए गए महत्वपूर्ण लाभों में से एक है। बिग डेटा एनालिटिक्स ऐसे पैटर्न, रुझान और अंतर्दृष्टि प्रकट कर सकता है जो सेवा वितरण में अधिक प्रभावी योजना और निर्णय लेने को सूचित करते हैं। उदाहरण के लिए, डेटा विश्लेषण समुदाय के भीतर सबसे जरूरी जरूरतों की पहचान करने, संसाधन आवंटन को अनुकूलित करने, या मौजूदा सेवा कार्यक्रमों के प्रभाव का मूल्यांकन करने में मदद कर सकता है। इसके अलावा, भौगोलिक सूचना प्रणाली (GIS) जैसी तकनीकों का उपयोग संकट क्षेत्रों को मैप करने या नई सेवा सुविधाओं के स्थानों की योजना बनाने के लिए किया जा सकता है ताकि पहुंच और प्रभाव को अधिकतम किया जा सके।

पारदर्शिता और जवाबदेही बढ़ाना

सेवा प्रयासों में पारदर्शिता और जवाबदेही बढ़ाने में तकनीक भी एक महत्वपूर्ण भूमिका निभाती है। उदाहरण के लिए, ब्लॉकचेन तकनीक का उपयोग सहायता वितरण में संसाधनों के प्रवाह को ट्रैक करने के लिए किया जा सकता है, यह सुनिश्चित करते हुए कि सहायता अपने इच्छित प्राप्तकर्ताओं तक पहुंचे और धोखाधड़ी या कुप्रबंधन के जोखिम को कम करे। इसी तरह, ऑनलाइन प्लेटफॉर्म जो दाताओं को दिखाते हैं कि उनके योगदान का उपयोग कैसे किया जा रहा है, सार्वजनिक और वित्तपोषण निकायों से विश्वास और आगे की भागीदारी को प्रोत्साहित कर सकते हैं।

सेवाओं का निजीकरण

कृत्रिम बुद्धिमत्ता (AI) और मशीन लर्निंग सेवाओं को व्यक्तिगत जरूरतों के करीब से पूरा करने की क्षमता प्रदान करती हैं। शिक्षा में, एआई प्रत्येक छात्र की गति और सीखने की शैली के अनुकूल अनुभव प्रदान कर सकता है। स्वास्थ्य सेवाओं में, एआई मरीज के अनूठे स्वास्थ्य प्रोफाइल और इतिहास के आधार पर उपचार योजनाओं को निजीकृत करने में मदद कर सकता है। ऐसे व्यक्तिगत दृष्टिकोण न केवल परिणामों में सुधार करते हैं बल्कि उपयोगकर्ता की भागीदारी और संतुष्टि को भी बढ़ाते हैं।

चुनौतियां और नैतिक विचार

जहां अच्छे के लिए तकनीक के लाभ व्यापक हैं, वहीं महत्वपूर्ण चुनौतियां और नैतिक विचार भी हैं जिन्हें संबोधित किया जाना चाहिए। डिजिटल विभाजन—आधुनिक सूचना और संचार प्रौद्योगिकी तक पहुंच रखने वालों और न रखने वालों के बीच की खाई—सावधानीपूर्वक प्रबंधन न किए जाने पर मौजूदा असमानताओं को बढ़ा सकती है। इसलिए इन उपकरणों को वास्तव में परिवर्तनकारी बनाने के लिए स्वयं तकनीक तक समान पहुंच सुनिश्चित करना एक मौलिक पूर्वापेक्षा है।

गोपनीयता और सुरक्षा अन्य प्रमुख चिंताएं हैं, विशेष रूप से जब सेवा प्रदाता तेजी

से संवेदनशील डेटा को संभालते हैं। इस डेटा की सुरक्षा सुनिश्चित करना और यह सुनिश्चित करना कि इसका उपयोग नैतिक और जिम्मेदारी से किया जाए, सेवा प्राप्त करने वालों का विश्वास बनाए रखने के लिए महत्वपूर्ण है।

इसके अलावा, तकनीक पर निर्भरता का खतरा है, जो स्थानीय क्षमताओं को कमजोर कर सकता है यदि तकनीकी समाधानों को विचारपूर्वक एकीकृत नहीं किया गया हो। यह महत्वपूर्ण है कि तकनीक स्थानीय प्रणालियों का समर्थन और उन्नयन करे, न कि उन्हें प्रतिस्थापित करे, यह सुनिश्चित करते हुए कि समुदायों के भीतर स्थिरता और लचीलापन बना रहे।

जैसे-जैसे हम भविष्य की ओर देखते हैं, सेवा प्रयासों की पहुंच और प्रभाव को बढ़ाने के लिए तकनीक की क्षमता असीम है। हालांकि, अच्छे के लिए तकनीक का उपयोग केवल उपकरणों की तैनाती से अधिक मांग करता है; इसके लिए एक रणनीतिक और विचारशील दृष्टिकोण की आवश्यकता होती है जो इन प्रौद्योगिकियों के संचालन के सामाजिक, आर्थिक और सांस्कृतिक संदर्भों पर विचार करता है। इन चुनौतियों को जिम्मेदारी से नेविगेट करके, सेवा प्रदाता समाज की बेहतरी के लिए अधिक समावेशी, कुशल और प्रभावी समाधान बनाने के लिए तकनीक की शक्ति का उपयोग कर सकते हैं।

"सेवा वह दर्पण है जिसमें हम अपनी सच्ची आत्मा को प्रतिबिंबित होते हुए देखते हैं; यह हमारे दयालुता की क्षमता, हमारे प्रभाव की संभावनाओं और दूसरों के साथ हमारी आंतरिक जुड़ाव को प्रकट करता है।"

18

सफलताओं का जश्न मनाना: सेवा में उपलब्धियों को पहचानना

सेवा के क्षेत्र में सफलताओं का जश्न मनाना और उपलब्धियों को पहचानना न केवल शामिल लोगों को प्रेरित करने के लिए महत्वपूर्ण है, बल्कि प्रशंसा और सकारात्मक सुदृढ़ीकरण की संस्कृति को बढ़ावा देने के लिए भी आवश्यक है। इस प्रकार की मान्यता उन व्यक्तियों और संगठनों के प्रयासों के प्रभाव को उजागर करती है जो दूसरों की मदद के लिए समर्पित हैं, और बदले में, समुदाय से निरंतर काम और अधिक भागीदारी को प्रेरित कर सकती है। यह निबंध सेवा में सफलताओं के महत्व, योगदान को प्रभावी ढंग से पहचानने के विभिन्न तरीकों, और इन प्रथाओं के प्रतिभागियों, लाभार्थियों, और व्यापक समुदाय पर गहरे प्रभावों की पड़ताल करता है।

सेवा की उपलब्धियों को पहचानने का महत्व

सेवा में उपलब्धियों को पहचानना एक शक्तिशाली प्रेरक के रूप में कार्य करता है। यह शामिल लोगों को आश्वस्त करता है कि उनके प्रयास मूल्यवान और प्रभावशाली हैं, जो मनोबल और प्रतिबद्धता बनाए रखने के लिए आवश्यक है।

यह विशेष रूप से उन क्षेत्रों में महत्वपूर्ण है जहां किसी के काम के परिणाम तुरंत दिखाई नहीं देते, जैसे सामाजिक कार्य, शिक्षा, या दीर्घकालिक सामुदायिक विकास परियोजनाएं। मान्यता प्रेरणा और उत्साह को बनाए रखने में मदद करती है, चाहे चुनौतियों का सामना हो या कार्य नियमित हो।

इसके अलावा, सफलताओं का जश्न सकारात्मक बदलाव की कहानी बनाता है, जो किसी कारण पर अधिक ध्यान और संसाधनों को आकर्षित कर सकता है। किए जा रहे प्रभावी कार्यों की सार्वजनिक मान्यता किसी संगठन की प्रतिष्ठा को बढ़ा सकती है, जिससे अधिक धन, अधिक स्वयंसेवक, और व्यापक सामुदायिक समर्थन मिल सकता है। यह प्राप्तियों के ठोस उदाहरण भी प्रदान करता है, जो एक शक्तिशाली वकालत और प्रभाव उपकरण के रूप में कार्य करता है।

उपलब्धियों को पहचानने के तरीके

सेवा में सफलताओं को पहचानने और जश्न मनाने के कई तरीके हैं, जिनमें से प्रत्येक का अपना अनूठा प्रभाव और संदर्भ के आधार पर उपयुक्तता होती है। औपचारिक पुरस्कार समारोह एक लोकप्रिय तरीका है। ये आयोजन उन व्यक्तियों या टीमों को सम्मानित करने के लिए एक मंच प्रदान कर सकते हैं जिन्होंने उत्कृष्ट प्रतिबद्धता प्रदर्शित की है और महत्वपूर्ण परिणाम प्राप्त किए हैं। इस प्रकार के समारोह न केवल प्राप्तकर्ताओं को पुरस्कृत करते हैं बल्कि उनके प्रयासों की सार्वजनिक रूप से प्रशंसा करते हैं, जिससे उनकी विश्वसनीयता और दृश्यता बढ़ सकती है।

अनौपचारिक मान्यता प्रथाएँ, जैसे टीम बैठकों के दौरान उपलब्धियों को उजागर करना, संगठनात्मक न्यूज़लेटर्स में, या सोशल मीडिया पर, भी बहुत प्रभावी हो सकती हैं। ये इशारे, भले ही छोटे पैमाने पर हों, प्रशंसा की एक निरंतर और तत्काल संस्कृति को बढ़ावा दे सकते हैं, जो व्यक्तियों और टीमों को उनके काम के मिशन से जुड़ा हुआ और मूल्यवान महसूस कराते हैं।

सहकर्मी मान्यता कार्यक्रम एक और प्रभावशाली तरीका है। सहकर्मियों को पुरस्कार या प्रशंसा के लिए एक-दूसरे को नामांकित करने की अनुमति देने से टीम एकता बढ़ सकती है और कर्मचारियों को मान्यता की संस्कृति में भाग लेने के

लिए सशक्त किया जा सकता है। सहकर्मी मान्यता अक्सर विशेष महत्व रखती है क्योंकि यह सीधे सहकर्मियों से आती है, जो उनके समर्पण और कड़ी मेहनत को दैनिक आधार पर देखते हैं।

सफलताओं का जश्न मनाने के प्रभाव

सेवा में शामिल व्यक्तियों पर सफलताओं का जश्न मनाने का गहरा प्रभाव पड़ता है। यह आत्म-सम्मान और नौकरी की संतुष्टि को काफी हद तक बढ़ा सकता है, जिससे स्वयंसेवकों और कर्मचारियों के बीच उच्च प्रतिधारण दर हो सकती है। यह संगठनों के भीतर स्वस्थ प्रतिस्पर्धा और उत्कृष्टता की प्रेरणा को भी प्रोत्साहित करता है, क्योंकि व्यक्ति और टीमें उन मानकों तक पहुंचने का प्रयास करती हैं जिन्हें वे मनाया जाते हुए देखते हैं।

सेवा परियोजनाओं के लाभार्थियों के लिए, उन कार्यक्रमों की सफलताओं को देखना जिनमें वे शामिल हैं, प्रगति और आशा की भावना को मजबूत कर सकता है। यह कार्यक्रम के साथ उनकी भागीदारी को मजबूत कर सकता है और संगठन के प्रति उनके विश्वास को बढ़ा सकता है, जो कई सामुदायिक-आधारित परियोजनाओं की सफलता के लिए महत्वपूर्ण है।

विस्तृत समुदाय पर प्रभावों में महत्वपूर्ण सामाजिक मुद्दों की बढ़ती दृश्यता और सार्वजनिक भागीदारी शामिल है। जब सफलताओं का जश्न मनाया और साझा किया जाता है, तो वे जनता को चल रही चुनौतियों और उनके प्रभावी समाधान के बारे में शिक्षित कर सकते हैं। यह न केवल जागरूकता बढ़ाता है बल्कि अतिरिक्त सामुदायिक समर्थन और भागीदारी को भी प्रेरित कर सकता है।

उपलब्धियों को पहचानने में चुनौतियाँ

हालाँकि उपलब्धियों को पहचानना व्यापक रूप से फायदेमंद है, यह अपनी चुनौतियों के साथ आता है। एक जोखिम यह है कि यदि सावधानीपूर्वक प्रबंधन न किया जाए तो यह संगठनों के भीतर प्रतिस्पर्धी या ईर्ष्यालु गतिशीलता पैदा कर सकता है। यह सुनिश्चित करना कि मान्यता प्रथाएँ निष्पक्ष, पारदर्शी, और संगठन के मूल्यों के साथ संरेखित हैं, इन जोखिमों को कम कर सकता है।

एक और चुनौती यह सुनिश्चित करना है कि मान्यता के तरीके सांस्कृतिक रूप से संवेदनशील और उपयुक्त हों, सेवा में शामिल लोगों की विविध पृष्ठभूमि को ध्यान में रखते हुए। जो एक संस्कृति में पुरस्कृत माना जाता है वह दूसरी में कम उपयुक्त के रूप में देखा जा सकता है।

सेवा में सफलताओं का जश्न मनाना और उपलब्धियों को पहचानना प्रेरणा बनाए रखने, समर्थन आकर्षित करने, और सेवा प्रयासों की प्रभावशीलता बढ़ाने के लिए आवश्यक है। सेवा में शामिल लोगों की कड़ी मेहनत और समर्पण को स्वीकार करके, संगठन न केवल पिछली उपलब्धियों को पुरस्कृत करते हैं बल्कि भविष्य की सफलताओं के लिए भी रास्ता बनाते हैं। इस प्रकार, मान्यता की एक मजबूत प्रणाली विकसित करना किसी भी सेवा संगठन की रणनीति का एक प्रमुख घटक होना चाहिए, जो एक सहायक और प्रेरक वातावरण को बढ़ावा देने के प्रयासों का आधार बनता है। विचारशील और समावेशी मान्यता प्रथाओं के माध्यम से, सेवा का सच्चा मूल्य मनाया जा सकता है, दूसरों के जीवन में सकारात्मक प्रभाव डालने की निरंतर प्रतिबद्धता को प्रोत्साहित करते हुए।

"हमारी सेवा के तरीकों को अनुकूल बनाना उन लोगों के प्रति हमारे सम्मान का प्रतिबिंब है जिनकी हम मदद करते हैं; यह उनकी बदलती जरूरतों को स्वीकार करता है और उन्हें पूरा करने की हमारी प्रतिबद्धता को दर्शाता है।"

19

सेवा पर विचार: परिवर्तन की व्यक्तिगत कहानियाँ

सेवा, अपने अनेक रूपों में, व्यक्तिगत और सामुदायिक परिवर्तन का एक गहन मार्ग प्रदान करती है। अक्सर, सेवा का कार्य दी गई सहायता के तत्काल प्रभाव से परे होता है, यह उतना ही उन लोगों के जीवन को प्रभावित करता है जो सेवा देते हैं जितना कि उन लोगों को जो इसे प्राप्त करते हैं। परिवर्तन की व्यक्तिगत कहानियों के माध्यम से, हम देख सकते हैं कि सेवा कैसे दृष्टिकोणों को बदलती है, अप्रत्याशित पुल बनाती है, और व्यक्तियों और समुदायों में गहरी, सार्थक परिवर्तनों को बढ़ावा देती है। ये कथाएँ न केवल सेवा की विजय और चुनौतियों का जश्न मनाती हैं बल्कि यह भी दिखाती हैं कि जब व्यक्ति दूसरों की मदद करने का संकल्प लेते हैं, तो मानवीय संबंधों का समृद्ध और जटिल ताना-बाना कैसे आकार लेता है।

सेवा के माध्यम से व्यक्तिगत विकास

सेवा व्यक्तिगत विकास के लिए एक शक्तिशाली उत्प्रेरक है। सेवा कार्यों में भाग लेने से व्यक्ति को नई दृष्टिकोण और चुनौतियों का सामना करने का अवसर मिलता है, जो उन्हें ऐसे तरीकों से विकसित करता है जिसकी उन्होंने उम्मीद भी नहीं की होती। कई लोग पाते हैं कि सेवा के माध्यम से, उनकी दुनिया की

समझ व्यापक हो जाती है—वे दूसरों के संघर्षों और कठिनाइयों के साथ-साथ प्रतिकूलताओं का सामना करने में लोगों द्वारा प्रदर्शित लचीलेपन और शक्ति को भी अधिक गहराई से समझने लगते हैं। यह नई समझ अक्सर सहानुभूति की गहरी भावना और नैतिक जीवन के प्रति एक मजबूत प्रतिबद्धता की ओर ले जाती है।

उदाहरण के लिए, एक युवा स्वयंसेवक की कहानी पर विचार करें जिसने एक ग्रामीण क्षेत्र में एक सामुदायिक विकास संगठन के साथ काम करने के लिए अपनी गर्मियों का समय देने का निर्णय लिया। शुरुआत में केवल मदद करने की अस्पष्ट इच्छा से प्रेरित, इस स्वयंसेवक ने गरीबी, शैक्षिक बाधाओं, और प्रणालीगत उपेक्षा की कठोर वास्तविकताओं का प्रत्यक्ष अनुभव किया। ये अनुभव भावनात्मक रूप से चुनौतीपूर्ण लेकिन परिवर्तनकारी थे। स्वयंसेवक ने सांस्कृतिक भिन्नताओं को समझना, बाधाओं के पार प्रभावी ढंग से संवाद करना, और सबसे महत्वपूर्ण बात, समुदाय के सदस्यों की जरूरतों और आकांक्षाओं को गहराई से सुनना सीखा। इस अनुभव ने उनके जीवन के दृष्टिकोण को मूल रूप से बदल दिया और उन्हें सामाजिक न्याय के क्षेत्र में करियर की ओर प्रेरित किया।

सामुदायिक संबंध बनाना

सेवा सामुदायिक संबंध बनाने और मजबूत करने में भी महत्वपूर्ण भूमिका निभाती है। जब व्यक्ति सामुदायिक चुनौतियों को हल करने के लिए एक साथ आते हैं, तो वे मजबूत और अधिक एकजुट समुदायों की नींव रखते हैं। ये संबंध अक्सर सेवा के प्रारंभिक संदर्भ से परे टिकते हैं, जिससे स्थायी बंधन और चल रहे सहयोगात्मक प्रयास होते हैं।

इसका एक मार्मिक उदाहरण प्राकृतिक आपदाओं के बाद देखा जा सकता है, जब समुदाय के सदस्य और बाहरी स्वयंसेवक प्रभावित क्षेत्रों के पुनर्निर्माण और पुनर्वास के लिए एक साथ काम करते हैं। इन परिस्थितियों में, सेवा का कार्य एक साझा मिशन बन जाता है, जो व्यक्तिगत भिन्नताओं से परे जाता है और एक सामूहिक पहचान को बढ़ावा देता है। वर्षों बाद, प्रतिभागी अक्सर इन अनुभवों को महत्वपूर्ण क्षणों के रूप में याद करते हैं जिन्होंने उनके समुदाय की संरचना और इसमें उनकी भूमिका को नया रूप दिया।

चुनौतियाँ और प्रतिकूलताओं पर काबू पाना

सेवा चुनौतियों के बिना नहीं होती, और ये भी परिवर्तनशील यात्रा का हिस्सा हैं। नौकरशाही बाधाओं से निपटना, संसाधनों की कमी का सामना करना, और पारस्परिक संघर्षों का प्रबंधन करना सेवा में शामिल लोगों के संकल्प और प्रतिबद्धता की परीक्षा ले सकता है। इन चुनौतियों से उबरने में अक्सर रचनात्मकता, दृढ़ता, और लचीलापन की आवश्यकता होती है—गुण जो सेवा के दौरान सामना की जाने वाली परीक्षाओं के माध्यम से विकसित होते हैं।

उदाहरण के लिए, एक स्वयंसेवक शिक्षक को कम संसाधनों वाले स्कूल में बड़ी कक्षाओं और सीमित शैक्षिक सामग्री के साथ संघर्ष करना पड़ सकता है। ऐसी परिस्थितियों में गुणवत्तापूर्ण शिक्षा प्रदान करने की चुनौती डराने वाली हो सकती है। हालांकि, अभिनव शिक्षण रणनीतियों, सामुदायिक भागीदारी, और बेहतर संसाधनों के लिए अथक वकालत के माध्यम से, शिक्षक महत्वपूर्ण प्रगति कर सकते हैं। यह यात्रा न केवल छात्रों के शैक्षिक अनुभवों को बदलती है, बल्कि शिक्षक के कौशल और शिक्षा और वकालत के प्रति दृष्टिकोण को भी बदलती है।

सेवा का तरंग प्रभाव

सेवा का प्रभाव अक्सर तत्काल संदर्भ से परे बढ़ता है, व्यापक दायरे को प्रभावित करता है। स्वयंसेवक और सेवा कार्यकर्ता अपने अनुभवों से प्राप्त पाठों और अंतर्दृष्टि को अपने जीवन के अन्य क्षेत्रों में ले जाते हैं, अपने परिवारों, कार्यस्थलों, और समुदायों को प्रभावित करते हैं।

उदाहरण के लिए, एक कॉर्पोरेट कार्यकारी जो एक बेघर आश्रय में स्वयंसेवा करता है, बेघर होने के जटिल कारणों के बारे में अंतर्दृष्टि को अपने पेशेवर जीवन में ला सकता है, कमजोर आबादी के लिए सस्ती आवास या नौकरी प्रशिक्षण का समर्थन करने वाली कॉर्पोरेट नीतियों की वकालत करता है। इन अंतर्दृष्टियों और वकालत का यह हस्तांतरण उनकी प्रारंभिक सेवा के प्रभाव को बढ़ा सकता है, व्यापक सामाजिक परिवर्तनों की ओर ले जाता है।

सेवा पर विचार और परिवर्तन की व्यक्तिगत कहानियाँ व्यक्तियों और समुदायों

पर सेवा के गहन और विविध प्रभावों को उजागर करती हैं। ये कथाएँ हमें सिखाने, चुनौती देने, और हमें गहराई और स्थायित्व के साथ जोड़ने की सेवा की शक्ति को रेखांकित करती हैं। वे हमें याद दिलाती हैं कि सेवा केवल देने का कार्य नहीं है, बल्कि यह एक पारस्परिक आदान-प्रदान है जो सभी शामिल लोगों को समृद्ध करता है, सहानुभूति, समझ, और प्रतिबद्धता के एक घने ताने-बाने को बुनता है जो समुदायों को जरूरत और समृद्धि के समय में बनाए रख सकता है। इन कहानियों को साझा करके और उनका जश्न मनाकर, हम न केवल उन लोगों का सम्मान करते हैं जो सेवा करते हैं, बल्कि दूसरों को सेवा कार्यों में भाग लेने के लिए प्रेरित भी करते हैं, सकारात्मक परिवर्तन और पारस्परिक विकास के चक्र को बनाए रखते हैं।

"सेवा की विरासत उन कहानियों में लिखी जाती है जिन्होंने जिनके जीवन को छुआ है; ये कथाएँ हमारे प्रभाव और सफलता का सच्चा मापदंड हैं।"

༺ ༻

20

सेवा पर विचार: परिवर्तन की व्यक्तिगत कहानियाँ

सेवा, अपने अनेक रूपों में, व्यक्तिगत और सामुदायिक परिवर्तन का एक गहन मार्ग प्रदान करती है। अक्सर, सेवा का कार्य दी गई सहायता के तत्काल प्रभाव से परे होता है, यह उतना ही उन लोगों के जीवन को प्रभावित करता है जो सेवा देते हैं जितना कि उन लोगों को जो इसे प्राप्त करते हैं। परिवर्तन की व्यक्तिगत कहानियों के माध्यम से, हम देख सकते हैं कि सेवा कैसे दृष्टिकोणों को बदलती है, अप्रत्याशित पुल बनाती है, और व्यक्तियों और समुदायों में गहरी, सार्थक परिवर्तनों को बढ़ावा देती है। ये कथाएँ न केवल सेवा की विजय और चुनौतियों का जश्न मनाती हैं बल्कि यह भी दिखाती हैं कि जब व्यक्ति दूसरों की मदद करने का संकल्प लेते हैं, तो मानवीय संबंधों का समृद्ध और जटिल ताना-बाना कैसे आकार लेता है।

सेवा के माध्यम से व्यक्तिगत विकास

सेवा व्यक्तिगत विकास के लिए एक शक्तिशाली उत्प्रेरक है। सेवा कार्यों में भाग लेने से व्यक्ति को नई दृष्टिकोण और चुनौतियों का सामना करने का अवसर मिलता है, जो उन्हें ऐसे तरीकों से विकसित करता है जिसकी उन्होंने उम्मीद भी नहीं की होती। कई लोग पाते हैं कि सेवा के माध्यम से, उनकी दुनिया की

समझ व्यापक हो जाती है—वे दूसरों के संघर्षों और कठिनाइयों के साथ-साथ प्रतिकूलताओं का सामना करने में लोगों द्वारा प्रदर्शित लचीलेपन और शक्ति को भी अधिक गहराई से समझने लगते हैं। यह नई समझ अक्सर सहानुभूति की गहरी भावना और नैतिक जीवन के प्रति एक मजबूत प्रतिबद्धता की ओर ले जाती है।

उदाहरण के लिए, एक युवा स्वयंसेवक की कहानी पर विचार करें जिसने एक ग्रामीण क्षेत्र में एक सामुदायिक विकास संगठन के साथ काम करने के लिए अपनी गर्मियों का समय देने का निर्णय लिया। शुरुआत में केवल मदद करने की अस्पष्ट इच्छा से प्रेरित, इस स्वयंसेवक ने गरीबी, शैक्षिक बाधाओं, और प्रणालीगत उपेक्षा की कठोर वास्तविकताओं का प्रत्यक्ष अनुभव किया। ये अनुभव भावनात्मक रूप से चुनौतीपूर्ण लेकिन परिवर्तनकारी थे। स्वयंसेवक ने सांस्कृतिक भिन्नताओं को समझना, बाधाओं के पार प्रभावी ढंग से संवाद करना, और सबसे महत्वपूर्ण बात, समुदाय के सदस्यों की जरूरतों और आकांक्षाओं को गहराई से सुनना सीखा। इस अनुभव ने उनके जीवन के दृष्टिकोण को मूल रूप से बदल दिया और उन्हें सामाजिक न्याय के क्षेत्र में करियर की ओर प्रेरित किया।

सामुदायिक संबंध बनाना

सेवा सामुदायिक संबंध बनाने और मजबूत करने में भी महत्वपूर्ण भूमिका निभाती है। जब व्यक्ति सामुदायिक चुनौतियों को हल करने के लिए एक साथ आते हैं, तो वे मजबूत और अधिक एकजुट समुदायों की नींव रखते हैं। ये संबंध अक्सर सेवा के प्रारंभिक संदर्भ से परे टिकते हैं, जिससे स्थायी बंधन और चल रहे सहयोगात्मक प्रयास होते हैं।

इसका एक मार्मिक उदाहरण प्राकृतिक आपदाओं के बाद देखा जा सकता है, जब समुदाय के सदस्य और बाहरी स्वयंसेवक प्रभावित क्षेत्रों के पुनर्निर्माण और पुनर्वास के लिए एक साथ काम करते हैं। इन परिस्थितियों में, सेवा का कार्य एक साझा मिशन बन जाता है, जो व्यक्तिगत भिन्नताओं से परे जाता है और एक सामूहिक पहचान को बढ़ावा देता है। वर्षों बाद, प्रतिभागी अक्सर इन अनुभवों को महत्वपूर्ण क्षणों के रूप में याद करते हैं जिन्होंने उनके समुदाय की संरचना और इसमें उनकी भूमिका को नया रूप दिया।

चुनौतियाँ और प्रतिकूलताओं पर काबू पाना

सेवा चुनौतियों के बिना नहीं होती, और ये भी परिवर्तनशील यात्रा का हिस्सा हैं। नौकरशाही बाधाओं से निपटना, संसाधनों की कमी का सामना करना, और पारस्परिक संघर्षों का प्रबंधन करना सेवा में शामिल लोगों के संकल्प और प्रतिबद्धता की परीक्षा ले सकता है। इन चुनौतियों से उबरने में अक्सर रचनात्मकता, दृढ़ता, और लचीलापन की आवश्यकता होती है—गुण जो सेवा के दौरान सामना की जाने वाली परीक्षाओं के माध्यम से विकसित होते हैं।

उदाहरण के लिए, एक स्वयंसेवक शिक्षक को कम संसाधनों वाले स्कूल में बड़ी कक्षाओं और सीमित शैक्षिक सामग्री के साथ संघर्ष करना पड़ सकता है। ऐसी परिस्थितियों में गुणवत्तापूर्ण शिक्षा प्रदान करने की चुनौती डराने वाली हो सकती है। हालांकि, अभिनव शिक्षण रणनीतियों, सामुदायिक भागीदारी, और बेहतर संसाधनों के लिए अथक वकालत के माध्यम से, शिक्षक महत्वपूर्ण प्रगति कर सकते हैं। यह यात्रा न केवल छात्रों के शैक्षिक अनुभवों को बदलती है, बल्कि शिक्षक के कौशल और शिक्षा और वकालत के प्रति दृष्टिकोण को भी बदलती है।

सेवा का तरंग प्रभाव

सेवा का प्रभाव अक्सर तत्काल संदर्भ से परे बढ़ता है, व्यापक दायरे को प्रभावित करता है। स्वयंसेवक और सेवा कार्यकर्ता अपने अनुभवों से प्राप्त पाठों और अंतर्दृष्टि को अपने जीवन के अन्य क्षेत्रों में ले जाते हैं, अपने परिवारों, कार्यस्थलों, और समुदायों को प्रभावित करते हैं।

उदाहरण के लिए, एक कॉर्पोरेट कार्यकारी जो एक बेघर आश्रय में स्वयंसेवा करता है, बेघर होने के जटिल कारणों के बारे में अंतर्दृष्टि को अपने पेशेवर जीवन में ला सकता है, कमजोर आबादी के लिए सस्ती आवास या नौकरी प्रशिक्षण का समर्थन करने वाली कॉर्पोरेट नीतियों की वकालत करता है। इन अंतर्दृष्टियों और वकालत का यह हस्तांतरण उनकी प्रारंभिक सेवा के प्रभाव को बढ़ा सकता है, व्यापक सामाजिक परिवर्तनों की ओर ले जाता है।

सेवा पर विचार और परिवर्तन की व्यक्तिगत कहानियाँ व्यक्तियों और समुदायों

पर सेवा के गहन और विविध प्रभावों को उजागर करती हैं। ये कथाएँ हमें सिखाने, चुनौती देने, और हमें गहराई और स्थायित्व के साथ जोड़ने की सेवा की शक्ति को रेखांकित करती हैं। वे हमें याद दिलाती हैं कि सेवा केवल देने का कार्य नहीं है, बल्कि यह एक पारस्परिक आदान-प्रदान है जो सभी शामिल लोगों को समृद्ध करता है, सहानुभूति, समझ, और प्रतिबद्धता के एक घने ताने-बाने को बुनता है जो समुदायों को जरूरत और समृद्धि के समय में बनाए रख सकता है। इन कहानियों को साझा करके और उनका जश्न मनाकर, हम न केवल उन लोगों का सम्मान करते हैं जो सेवा करते हैं, बल्कि दूसरों को सेवा कार्यों में भाग लेने के लिए प्रेरित भी करते हैं, सकारात्मक परिवर्तन और पारस्परिक विकास के चक्र को बनाए रखते हैं।

"सेवा की भावना को जीवित रखने के लिए एक ऐसा हृदय चाहिए जो कभी कठोर न हो, एक ऐसा स्पर्श चाहिए जो कभी चोट न पहुँचाए, और एक ऐसी उदारता चाहिए जो कभी लाभ पाने की लालसा न करे।"

21

आगे की ओर: सेवा की भावना को जीवित कैसे रखें

एक ऐसी दुनिया में, जो तेजी से व्यक्तिवाद और विभाजन से परिभाषित हो रही है, सेवा की भावना सामूहिक प्रयास और आपसी समर्थन का प्रकाशस्तंभ बनकर खड़ी है। सेवा की भावना को जीवित रखना न केवल समुदायों के सामने आने वाली अनेक सामाजिक, पर्यावरणीय, और आर्थिक चुनौतियों का समाधान करने के लिए आवश्यक है, बल्कि लोगों के बीच जुड़ाव और मानवता की भावना को बढ़ावा देने के लिए भी महत्वपूर्ण है। यह निबंध उन विभिन्न रणनीतियों की पड़ताल करता है, जो यह सुनिश्चित कर सकती हैं कि सेवा की भावना जीवंत और व्यापक बनी रहे, आने वाली पीढ़ियों को प्रभावित करती रहे।

सेवा की संस्कृति को बढ़ावा देना

सेवा की भावना को बनाए रखने की नींव एक ऐसी संस्कृति को बढ़ावा देने में निहित है जो इन प्रयासों को महत्व देती है और प्राथमिकता देती है। इसमें सेवा-उन्मुख मूल्यों को स्कूलों और कार्यस्थलों से लेकर सरकारों और गैर-लाभकारी संगठनों तक, समुदायों के ताने-बाने में समाहित करना शामिल है। शिक्षा प्रणाली इस प्रक्रिया में एक महत्वपूर्ण भूमिका निभाती है, जिसमें सेवा-शिक्षा को उनके पाठ्यक्रम में शामिल किया जाता है। जब बच्चे और युवा सामुदायिक सेवा में

अपनी शिक्षा का हिस्सा बनने के रूप में भाग लेते हैं, तो वे दूसरों की मदद करने की स्वाभाविक प्रवृत्ति विकसित करते हैं, जो जीवन भर बनी रह सकती है।

कार्यस्थल भी कर्मचारियों के बीच स्वयंसेवा को प्रोत्साहित और सुविधाजनक बनाकर सेवा की भावना को बढ़ावा दे सकते हैं। कंपनियाँ स्वैच्छिक गतिविधियों के लिए भुगतान अवकाश प्रदान कर सकती हैं या ऐसी कॉर्पोरेट सामाजिक जिम्मेदारी (CSR) पहल आयोजित कर सकती हैं, जिनमें कर्मचारी निरंतर सेवा परियोजनाओं में शामिल हो सकें। इस तरह की प्रथाएँ न केवल समुदाय में योगदान करती हैं बल्कि टीम में एकता और कर्मचारी मनोबल को भी बढ़ाती हैं, यह दर्शाते हुए कि सेवा को कॉर्पोरेट संस्कृति में महत्व दिया गया है।

तकनीक का उपयोग

तकनीक सेवा की गतिविधियों की पहुंच और प्रभाव को बढ़ाकर सेवा की भावना को जीवित रखने के लिए शक्तिशाली उपकरण प्रदान करती है। डिजिटल प्लेटफ़ॉर्म स्वयंसेवकों को उनके कौशल और रुचियों के अनुकूल अवसरों से जोड़ सकते हैं और वर्चुअल वॉलंटियरिंग को सक्षम बना सकते हैं, जिससे व्यक्ति भूगोल की सीमाओं से परे योगदान दे सकें। सोशल मीडिया सेवा की कहानियों और उनके प्रभावों को बढ़ा सकता है, दूसरों को कार्रवाई के लिए प्रेरित कर सकता है। इसके अतिरिक्त, तकनीक स्वयंसेवी गतिविधियों को व्यवस्थित करने के प्रशासनिक पहलुओं को सुव्यवस्थित कर सकती है, जिससे संगठनों के लिए परियोजनाओं का प्रबंधन करना और व्यक्तियों के लिए भाग लेना आसान हो जाता है।

स्वयंसेवकों को पहचानना और उनका उत्सव मनाना

मान्यता सेवा गतिविधियों में निरंतर भागीदारी को प्रोत्साहित करने में एक प्रमुख कारक है। स्वयंसेवकों के प्रयासों को नियमित रूप से मान्यता देना—चाहे पुरस्कारों, सार्वजनिक प्रशंसा, या साधारण धन्यवाद नोट्स के माध्यम से—मनोबल को बढ़ावा दे सकता है और निरंतर प्रतिबद्धता को प्रोत्साहित कर सकता है। उत्सव और मान्यता कार्यक्रम सेवा के मूल्य के बारे में जागरूकता बढ़ाने के लिए भी काम करते हैं और दूसरों को उनकी सेवा यात्रा शुरू करने के लिए प्रेरित कर सकते हैं।

सामुदायिक भागीदारी बनाना

सेवा की भावना को बनाए रखने के लिए एक सहयोगात्मक दृष्टिकोण आवश्यक है। सार्वजनिक, निजी, और गैर-लाभकारी क्षेत्रों के बीच साझेदारी संसाधनों और विशेषज्ञता को एकत्र कर सकती है ताकि बड़ी परियोजनाओं को हल किया जा सके और व्यापक दर्शकों तक पहुंचा जा सके। ये सहयोग विभिन्न रूपों में हो सकते हैं, जैसे संयुक्त उद्यम, प्रायोजन, या समर्थन नेटवर्क, और सामुदायिक सीमाओं के पार सेवा के एक घने ताने-बाने को बुनने में मदद कर सकते हैं।

बदलती जरूरतों के अनुरूप ढलना

सेवा की भावना गतिशील है और इसे समाज की विकसित होती चुनौतियों और जरूरतों के अनुरूप ढलना चाहिए। सेवा में लगे संगठनों और व्यक्तियों को अपने समुदायों और व्यापक दुनिया के सामने आने वाले मुद्दों के बारे में सूचित रहना चाहिए। बदलावों के प्रति उत्तरदायी होने से यह सुनिश्चित होता है कि सेवा गतिविधियाँ प्रासंगिक और प्रभावी बनी रहें, वास्तविक और तात्कालिक जरूरतों को संबोधित करें, न कि पुराने मॉडल पर आधारित हों।

नेतृत्व और स्थिरता को बढ़ावा देना

भविष्य के नेताओं को विकसित करना, जो सेवा के लिए प्रतिबद्ध हों, सेवा की भावना को जीवित रखने के लिए आवश्यक है। इसमें युवाओं को सलाह देना और उन्हें सेवा परियोजनाओं के भीतर नेतृत्व के अवसर प्रदान करना शामिल है। स्थिरता का मतलब यह भी है कि परियोजनाओं को इस तरह से डिजाइन किया जाए कि उनका स्थायी प्रभाव हो और वे पूरी तरह से बाहरी समर्थन पर निर्भर न हों। स्थानीय क्षमता का निर्माण और परियोजनाओं का सामुदायिक स्वामित्व सुनिश्चित करना इस स्थिरता को प्राप्त करने में मदद कर सकता है।

समावेशिता को शामिल करना

सेवा समावेशी होनी चाहिए, जिसमें सभी व्यक्तियों को योगदान करने के अवसर प्रदान किए जाएं, चाहे उनकी उम्र, पृष्ठभूमि, क्षमता, या सामाजिक-आर्थिक

स्थिति कुछ भी हो। समावेशी सेवा प्रथाएँ यह सुनिश्चित करती हैं कि हर कोई सेवा गतिविधियों में भाग ले सके और उनसे लाभान्वित हो सके, सामुदायिक सामूहिक भावना को मजबूत करते हुए।

चिंतन और प्रतिक्रिया को प्रोत्साहित करना

चिंतन सेवा का एक महत्वपूर्ण पहलू है जो व्यक्तियों और संगठनों को उनके कार्यों के प्रभाव को समझने, उनके अनुभवों से सीखने और आवश्यक समायोजन करने की अनुमति देता है। सेवा करने वालों और सेवा पाने वालों से प्रतिक्रिया प्राप्त करना मूल्यवान अंतर्दृष्टि प्रदान करता है, जो सेवा पहलों की प्रभावशीलता और प्रासंगिकता को बढ़ा सकता है।

सेवा की भावना को जीवित रखना एक बहुआयामी प्रयास है, जिसके लिए इरादे, नवाचार, और सामुदायिक सहयोग की आवश्यकता होती है। सेवा की संस्कृति को बढ़ावा देकर, तकनीक का उपयोग करके, योगदानों को पहचानकर, साझेदारी बनाकर, बदलावों के अनुकूल ढलकर, नेतृत्व को बढ़ावा देकर, समावेशिता को प्रोत्साहित करके, और चिंतन को बढ़ावा देकर, समुदाय यह सुनिश्चित कर सकते हैं कि सेवा की भावना न केवल बनी रहे, बल्कि फले-फूले। ये प्रयास सेवा की एक ऐसी विरासत का निर्माण करते हैं, जो भविष्य की पीढ़ियों को समाज की बेहतरी के लिए प्रतिबद्ध होने के लिए प्रेरित करती है, सद्भावना और परिवर्तनकारी प्रभाव के चक्र को बनाए रखती है।

"सेवा की भावना को जीवित रखने के लिए एक ऐसा हृदय चाहिए जो कभी कठोर न हो, एक ऐसा स्पर्श चाहिए जो कभी चोट न पहुँचाए, और एक ऐसी उदारता चाहिए जो कभी लाभ पाने की लालसा न करे।"

22

सारांश

सेवा की बहुआयामी प्रकृति और इसके व्यक्तियों और समुदायों पर गहरे प्रभाव की खोज करते हुए, हमने सेवा के विभिन्न पहलुओं की चर्चा की—इसके नैतिक विचारों से लेकर तकनीक के उपयोग तक, व्यक्तिगत परिवर्तन की कहानियों से लेकर सेवा की भावना बनाए रखने के महत्व तक। यह व्यापक विश्लेषण प्रकट करता है कि सेवा केवल देने का कार्य नहीं है, बल्कि यह एक जटिल अंतःक्रिया है जो अनेक तरीकों से विकास, समझ, और बदलाव को प्रोत्साहित करती है। यहां, सेवा के विभिन्न पहलुओं पर विस्तृत चर्चा से मुख्य अंतर्दृष्टियों और व्यापक विषयों को संक्षेप में प्रस्तुत किया गया है।

सेवा की नींव

सेवा दूसरों के कल्याण को बढ़ाने की प्रतिबद्धता पर आधारित है। यह उन लोगों की जरूरतों और परिस्थितियों को समझने और निस्वार्थ भाव से कार्य करने की इच्छा की मांग करती है। सेवा के बुनियादी पहलू, जैसे सहानुभूति, सम्मान, और करुणा, यह सुनिश्चित करने में महत्वपूर्ण भूमिका निभाते हैं कि सेवा के प्रयास प्रभावी और मानवीय हों। ये मूल्य न केवल लाभार्थियों के साथ सीधे संवाद को मार्गदर्शित करते हैं, बल्कि सेवा परियोजनाओं की योजना और क्रियान्वयन को भी प्रभावित करते हैं।

व्यक्तिगत और सामुदायिक परिवर्तन

सेवा का दोहरा प्रभाव होता है—यह प्रदाता और प्राप्तकर्ता दोनों को बदलती है। स्वयंसेवक और सेवा कार्यकर्ता अक्सर व्यक्तिगत रूप से विकसित होते हैं, नए दृष्टिकोण प्राप्त करते हैं और सामाजिक मुद्दों की गहरी समझ विकसित करते हैं। प्राप्तकर्ताओं के लिए, सेवा आवश्यक संसाधन, समर्थन, और अवसर प्रदान कर सकती है, जो उनके जीवन की गुणवत्ता में महत्वपूर्ण सुधार ला सकती है। सामुदायिक स्तर पर, सेवा लचीलापन बनाती है, संबंधों को मजबूत करती है, और सहयोग की भावना को बढ़ावा देती है, जिससे सामूहिक क्षमता में वृद्धि होती है।

सेवा में नैतिक विचार

मदद प्रदान करना जटिल नैतिक विचारों के साथ आता है, जिसमें सहायता प्राप्त करने वालों की स्वायत्तता और गरिमा का सम्मान सुनिश्चित करना, अनपेक्षित नुकसान से बचना, और सांस्कृतिक सूक्ष्मताओं को समझना शामिल है। नैतिक सेवा केवल अच्छा करने के बारे में नहीं है—यह अच्छा और जिम्मेदारी से करने के बारे में है। इसमें यह सुनिश्चित करने के लिए निरंतर चिंतन, सीखना, और अनुकूलन की आवश्यकता होती है कि सेवा क्रियाएं नैतिक रूप से उचित और प्रभावी हों।

तकनीक को एक समर्थक के रूप में उपयोग करना

तकनीक ने सेवा वितरण को बदल दिया है, व्यापक पहुंच और अधिक कुशल संचालन को सक्षम किया है। डिजिटल प्लेटफ़ॉर्म जो स्वयंसेवकों को अवसरों से जोड़ते हैं, डेटा एनालिटिक्स जो अधिक रणनीतिक निर्णय लेने में मदद करते हैं, तकनीक सेवा प्रयासों के प्रभाव को काफी हद तक बढ़ा सकती है। हालांकि, यह डिजिटल विभाजन और गोपनीयता संबंधी चिंताओं जैसे चुनौतियां भी लाती है, जिन्हें सावधानीपूर्वक प्रबंधित किया जाना चाहिए ताकि तकनीक का सही उपयोग किया जा सके।

सेवा को पहचानना और उसका उत्सव मनाना

मान्यता सेवा की भावना को बनाए रखने में महत्वपूर्ण भूमिका निभाती है।

सफलताओं का जश्न मनाना और स्वयंसेवकों और संगठनों के योगदानों को पहचानना निरंतर प्रयासों को प्रेरित करता है और व्यापक समुदाय को सेवा के महत्व का संदेश देता है। मान्यता कई रूपों में हो सकती है, औपचारिक पुरस्कारों से लेकर सोशल मीडिया या सामुदायिक सभाओं में अनौपचारिक प्रशंसा तक।

स्थायी सेवा मॉडल बनाना

सेवा में स्थिरता दीर्घकालिक प्रभाव सुनिश्चित करने के लिए महत्वपूर्ण है। इसमें ऐसी पहलों का निर्माण करना शामिल है जो अल्पकालिक में प्रभावी होने के साथ-साथ दीर्घकालिक में भी व्यावहारिक हों। स्थायी सेवा में भविष्य की योजना बनाना, सामुदायिक क्षमता निर्माण में निवेश करना, और यह सुनिश्चित करना शामिल है कि परियोजनाएं पर्यावरणीय रूप से जिम्मेदार और सांस्कृतिक रूप से उपयुक्त हों।

सेवा में चुनौतियाँ

सेवा कार्य संसाधनों की सीमाओं, स्वयंसेवकों के बीच थकान, और गहराई से जड़ जमाए सामाजिक समस्याओं को हल करने की जटिलताओं जैसी चुनौतियों से मुक्त नहीं है। इन चुनौतियों से पार पाने के लिए सेवा विधियों में लचीलापन, रचनात्मकता, और निरंतर सुधार और नवाचार की प्रतिबद्धता की आवश्यकता होती है।

सेवा के भविष्य के दिशानिर्देश

आगे देखते हुए, सेवा की भावना को जीवित रखना बदलती सामाजिक जरूरतों के अनुकूल होने, नई तकनीकों को अपनाने, और सेवा की एक वैश्विक संस्कृति को बढ़ावा देने पर निर्भर करेगा। यह सेवा नेताओं की अगली पीढ़ी को पोषित करने, सेवा के अवसरों में समावेशिता का विस्तार करने, और सेवा प्रयासों का मार्गदर्शन करने वाले नैतिक ढांचे को लगातार बढ़ाने की भी मांग करेगा।

सेवा एक गतिशील और विकसित होता क्षेत्र है जो मानव जीवन के हर पहलू को छूता है। यह सहानुभूति, प्रतिबद्धता, और परिवर्तन के सामान्य सूत्रों से बंधा हुआ है। सेवा से जुड़े जटिलताओं को समझकर और इसके साथ आने वाली चुनौतियों

को अपनाकर, व्यक्ति और संगठन एक अधिक न्यायसंगत, करुणामय, और लचीली दुनिया में योगदान दे सकते हैं। सामूहिक प्रयास और साझा जिम्मेदारी के माध्यम से, सेवा की भावना फल-फूल सकती है, जो समुदायों और पीढ़ियों में सकारात्मक बदलाव को प्रेरित करती है।

उद्धरण और संदर्भ

यह पुस्तक व्यापक अनुसंधान और सूक्ष्म विश्लेषण का परिणाम है, जिसमें विभिन्न स्रोतों जैसे अनेक पुस्तकों, विद्वानों के अध्ययन और व्यक्तिगत अनुभवों को सम्मिलित किया गया है। इसके अतिरिक्त, मैंने इस कार्य को संकलित करने के लिए प्रासंगिक जानकारी और आंकड़े जुटाने हेतु विभिन्न वेबसाइटों की भी खोज की है। मैंने प्रस्तुत जानकारी की सटीकता सुनिश्चित करने के लिए हर संभव प्रयास किया है और सभी स्रोतों का विधिपूर्वक उल्लेख किया है ताकि उनके योगदान को सम्मानित किया जा सके।

इन प्रयासों के बावजूद, अनजाने में त्रुटियाँ होने की संभावना बनी रहती है। मैं अपने पाठकों के विचारों को अत्यधिक महत्व देता हूँ और किसी भी ऐसी त्रुटि की पहचान करने और उसे सुधारने के लिए आपके फीडबैक का स्वागत करता हूँ। मैं आपसे आग्रह करता हूँ कि किसी भी प्रकार की विसंगतियों को मेरी जानकारी में लाएँ।

आपका फीडबैक न केवल स्वागत योग्य है बल्कि अत्यावश्यक भी है, क्योंकि यह वर्तमान संस्करण में सुधार लाने और भविष्य के संस्करणों की सामग्री को और बेहतर बनाने में मदद करेगा। मैं अपनी कृतियों में उच्चतम स्तर की सटीकता और विश्वसनीयता बनाए रखने के प्रति प्रतिबद्ध हूँ और आपके समर्थन और समझ के लिए धन्यवाद देता हूँ।

इसके अतिरिक्त, मैं संविधान के अनुच्छेद 19(1)(क) के तहत गारंटीकृत अभिव्यक्ति की स्वतंत्रता के सिद्धांत का दृढ़ता से पालन करती हूँ और अपने सभी पाठकों के विविध दृष्टिकोणों और अभिव्यक्तियों का सम्मान करता हूँ।

Other Books Of The Author

1. Empowering Minds: A Journey into Women's Self-Discovery and Power
2. The Dynamics of Motivation: Catalyzing Thought into Action
3. Meditation and Mental Well Being: The Path to Inner Peace and Clarity
4. The Psychology of Child Education: Nurturing Future Generations
5. Ethical Enlightenment: A Modern Guide to Living with Integrity
6. Voices of Empowerment: Stories of Women Rising Against Odds
7. Social Psychology in Everyday Life: Understanding Human Connections
8. The Essence of Motivational Speaking: Inspiring Change in Others
9. Balancing Acts: Women, Work, and the Will to Lead
10. Guiding with Grace: Raising Children with Compassion and Awareness
11. The Power of Positive Aging: Embracing Life After Fifty
12. Building Resilient Communities: Social Work in Action
13. The Ethical Educator: Principles for Teaching and Learning
14. Innovative solutions for Social Change: The Role of Social Psychology for crafting a Better World
15. The Ethics of Empathy: A Guide to Ethical Living
16. The Science of Empowering the Self: Navigating Life's Challenges with Psychological Wisdom
17. The Mindful Conscious Leader: Meditation Techniques for Modern Management
18. Pioneering Spirit: Women's Pathways to Leadership and Empowerment
19. Feeling to Healing: The Role of Emotional Intelligence in Child Development
20. Transformative Talks and Words of Inspiration: Insights into

Motivational Oratory

43. Altruistic Alchemy: Transforming Lives Through Giving
44. The Blueprint of Pro-Activeness and Productivity: Crafting Habits for Success
45. The Simplicity with Grounded Wisdom: Embracing Authenticity in a Complex World
46. Secret of Solopreneur's Odyssey: Navigating the Path to Self-Employment
47. Exploring Tapestry of Peace: Global Perspectives on Harmony
48. The Art and Actions of Connection: Mastering Communication for Impact
49. She Governs and at the Helm: Strategies for Political Empowerment
50. Rising Above and Rising with Grace: A Woman's Roadmap to Career Mastery
51. The Effect of Networking & Connectedness: Building Strategic Alliances for Women
52. Beyond his Barriers: Women Thriving in Male-Dominated Fields
53. Secret of Inner Compass: Navigating Life with Intuition
54. Creative & Pro-Active Muses: A Celebration of Women in the Arts
55. Unburdened: The Art of Releasing the Past
56. Amplified Voices: Speeches of Women that Astonished the World
57. Secret of Manifesting Dreams: A Woman's Guide to Intentional Living
58. Ethics and Value Based Education: Reimagining Japan's School System
59. The Moral Compass Curriculum: A Holistic Approach
60. Tech with Heart: Integrating Ethics into Digital Learning
61. Honoring Virtue: Recognizing Ethical Excellence in Education
62. Raising Good Humans: A Guide to Character Development
63. The Spark Within: Nurturing Creativity in Children
64. The Teenager Whisperer: Navigating Adolescence with Grace
65. Igniting a Passion for Learning: Inspiring Lifelong Curiosity
66. The Habit Lab: Cultivating Positive Behaviors in Children

Dr. Minakshi Bansal
Social Activist
Ahmedabad, Gujarat, Bharat
dhanyamfoundation@gmail.com